北京舞蹈学院
中国民族民间舞
课程思政论文集

胡淮北　秦丽秋 ◎ 编著

中央民族大学出版社
China Minzu University Press

图书在版编目（CIP）数据

北京舞蹈学院中国民族民间舞课程思政论文集 / 胡淮北，秦丽秋编著. —北京：中央民族大学出版社，2024.4
ISBN 978-7-5660-2166-3

Ⅰ.①北…　Ⅱ.①胡…②秦…　Ⅲ.①高等学校—思想政治教育—教学研究—中国—文集　Ⅳ.①G641-53

中国国家版本馆 CIP 数据核字（2024）第 082505 号

北京舞蹈学院中国民族民间舞课程思政论文集

编　　著	胡淮北　秦丽秋
责任编辑	白立元
封面设计	舒刚卫
出版发行	中央民族大学出版社
	北京市海淀区中关村南大街 27 号　邮编：100081
	电话：（010）68472815（发行部）　传真：（010）68932751（发行部）
	（010）68932218（总编室）　　　　　（010）68932447（办公室）
经 销 者	全国各地新华书店
印 刷 厂	北京鑫宇图源印刷科技有限公司
开　　本	787×1092　1/16　　　印张：12.25
字　　数	175 千字
版　　次	2024 年 4 月第 1 版　　2024 年 4 月第 1 次印刷
书　　号	ISBN 978-7-5660-2166-3
定　　价	48.00 元

版权所有　翻印必究

代序：我对"美丽课堂"的理解

巴 图

北京舞蹈学院党委书记、北京舞蹈学院教授

课堂是大学教育的主场，应聚焦课堂实现办学使命，即一切办学要素都应当围绕课堂以教学为中心展开。

顶尖舞蹈艺术大学的课堂应该是美丽课堂，最美课堂就是美中之美，值得全院师生追随景从。

美丽课堂是有文化的美的存在，应涵盖美的技术、美的观念。美的技术是由汗水、泪水乃至血水浸润而成的，是深刻的身体文化。美的观念是对美的观察审视、分析研究、教育传承的正确立场、艺术观点和价值倾向，是课堂教学的灵魂。

美丽课堂的教学过程是美丽的过程，是师生共同对美的发现、揣磨、加工、提纯、沟通、转移、创造的过程。美丽课堂贯穿着对美的形态和精神的追求，从对美的身体律动的极致化把握、舞蹈舞台多元素的认知，到对舞蹈艺术文化、思想的探索，师生在教学过程中在感官乃至精神上因不断探触到美的精髓而愉悦。

美丽课堂充满高尚、专业、友好的师生关系。美丽课堂由老师和学生共同创建，教师是主导，学生是主体，双方基于教与学形成本质的社会关系，构成一切师生关系的基础。教师牺牲自己、托举学生，是美丽的身份；学生是百里挑一，追求有品质美中之美，是美丽身份。两种身份互相激发，撬动"皮格马利翁效应"，形成教学相长的美丽风景。

美丽课堂是美的教育的传承场所。围绕一门课程，围绕特殊领域的学习者，一代代北京舞蹈学院人接续历史发展，赓续文脉艺脉，后人在汲取前人艺术教育滋养的基础上守护家园，保持传统。

美丽课堂是面向时代的美的创造者。进取中的北舞师生与时代发展同频，与社会进步共振，与火热的当代生活融汇，引领专业发展的方向，探究艺术发展的未来，课堂中总有不经意的变化，日新而月殊间悄然实现着艺术教育的迭代更新。

美丽课堂体现为在舞蹈教学过程当中教师对知识体系的自然延伸，舞以尽意体现为学生对于美的社会文化外延的全面理解，体现为舞者对舞蹈所反映的社会、自然的深刻洞察。

美丽课堂是高台教化的殿堂，是先进文化的策动源头，是社会良知的辐射地，是社会最美丽的净土。师生以传习艺术作为观察和解读世界的渠道，传习科学的思想和优美的道德，不知不觉间升华自己习舞、为人、行事的品质。学生是思想的舞者，我们的课堂是有灵魂的圣地。

"美丽课堂"传授美的品德、品格、品性、品行，传授艺术技、道、法融合的教育内容，是传授知识、传递知识的空间，也是分享问题和解决问题的空间。这些问题可能包括以前从未提出过的问题，可能包括尚未被解答的问题，可能包括难以被解决的问题，在探究无限未知中，我们的师生乐此不疲。

美丽的属性需要激化，我们师生对美的追求可以从学院"美丽课堂"的参与、评选、欣赏开始，学院教学的生动局面，可以从"三全育人"之"美丽课堂"的这一导课动作开启。

目 录

以课程思政助推新时代北京舞蹈学院中国舞蹈专业教学
　　……………………………………………………… 胡淮北（001）
文化自信融入高校舞蹈课堂教学的实践途径
　　——以"中国民族民间舞蹈动作分析与编舞"课程为例
　　……………………………………………………… 高　度（008）
"以舞育人　以文化人"
　　——关于课程思政的几点思考 ………………… 张晓梅（016）
以舞育人构建"大思政"育人格局 ……………… 秦丽秋（023）
中国民族民间舞课程思政实践研究
　　——以"中国民族民间舞基础训练（安徽花鼓灯）"为例
　　……………………………………………………… 黄奕华（031）
高校舞蹈专业课程思政的实践探究
　　——以北京舞蹈学院中国民族民间舞系本科课程实践为例
　　……………………………………………………… 李　佳（049）
"以古育今，红色永传"，论课程思政在舞蹈教育中的运用探索
　　——以中国民族民间舞作品《东方红》为例 … 苏雪冰（057）
"中国舞女班基本功训练"课程思政的路径探究 … 田　晶（064）
职业民间舞表演专业课程思政教学实用性探究
　　——以"中国民族民间舞传统典型组合"为例 … 袁　媛（073）
溯本求源　心之所获
　　——新时期课程思政对于舞蹈教育的重要意义 ……… 袁　佳（081）

浅析课程思政视域下民间舞实践课的价值提升
　　——以民间舞基本功训练课与剧目课为例 ············ 高　岩（087）
课程思政在田野调查课中的探索与创新 ················ 朱　律（093）
专业院校舞蹈教学融入课程思政的重要性 ·············· 池咚咚（109）
中国民族民间舞专业"课程思政"建设实践与探索
　　——以原创剧目《季》为例 ························ 邓丽莉（115）
音乐基础素养与课程思政 ···························· 陈　岚（123）
思想政治教育对艺术创作的影响
　　——以剧目《沂蒙母亲》创作过程为思考 ·········· 张天阳（129）
课程思政建设中充分发挥教师作用 ···················· 郭　娇（139）
党建领航，精准思政育人 ···························· 雷斯曼（145）
艺术院校依托国家重大演出加强学生思想政治教育路径研究
　　·· 李　岳（153）
艺术院校红色文化资源艺术传承实效研究
　　——以北京舞蹈学院为例 ·························· 朱金奕（161）
艺术院校专业教师开展课程思政实现路径研究
　　——以北京舞蹈学院中国民族民间舞系为例 ········ 陈　苗（172）
后　记 ·· （187）

以课程思政助推新时代北京舞蹈学院中国舞蹈专业教学

胡淮北

中国舞党总支书记、中国古典舞系主任、北京舞蹈学院教授

【内容摘要】 课程思政助推新时代中国舞蹈专业的教学,是以教学方法、传统文化、舞蹈精神、人民需求为课堂出发点,融入思政元素并因势利导,引导学生关注舞蹈表演、舞蹈精神和舞蹈需求等现实生活问题,鼓励学生做延伸性的学习研究,以及教师在教学反思的过程中,围绕课程思政的内容采取适于本专业特色化的教学方法,形成"思政"和专业课的教学相长过程,达到事半功倍的育人目标,从而回应时代的声音。

【关键词】 教学方法;传统文化;舞蹈精神;人民需求

课程思政是近年来党和国家对于高校提出的一种新的课程观念,要求在教学理念中实现对于学生的知识传授、能力培养和价值塑造的"三位一体"的综合能力培养。对于"课程思政"的理解不是思政课,也不是专业+思政的"两张皮"。课程思政是以落实立德树人为根本任务,以"育人"为核心宗旨,强调要把思政有机融合在专业课程中,使学生受到潜移默化的价值塑造,最终达到"润物细无声"的隐性教育目的。作为新时代下的北京舞蹈学院中国舞蹈专业教育,其意义和价值不仅停留在舞蹈艺术本体的专业层面,应当以舞蹈文化精神为风向标,在培养方向上强调"以舞育

人"，做到课程思政拥抱中国舞蹈专业教学的深水区，就是要做到将其与教学方法、传统文化、舞蹈精神以及专业需求相结合，真正实现在高质量的舞蹈专业课程中，推进新时代的课程教育观，培育出符合时代要求的舞蹈表演、教学、编创、研究的复合型新鲜血液。

一、优化教育理念：课程思政与教学方法结合

基于新的课程观念，教师在舞蹈专业课程的教学中需要不断地优化自身的教学方法、转变教学理念，打破以往"老师教、学生学"的传统"投喂"教学模式。教育家苏霍姆林斯基曾言，知识不是最终目的，而要成为手段。教导有方的师者不会仅传授零散式的知识点，而是帮助学生在脑海中建立知识图谱，教会学生具有触类旁通的思维。这种贯通的教学方式用在舞蹈专业中是希望教师在授课过程中，不要只着眼于学生当前的某个动作或某个短句甚至某部作品表现得如何，而是要启发学生具备演员的思维和视野，要站在更高的层次来看待当下的课堂学习，让学生自发性地去思考这个动作怎么做才到位、这个短句怎样才更连贯、这部作品怎么才更加贴合人物等。在这样"学会学习"的引导下才能让学生感受到课堂的趣味，才会深刻地领悟到这面"图谱"之间的相互关联，同时还能够使学生把这种表演方法按照自己的理解牢牢掌握。

在舞蹈专业课程的教学中，教师在交代动作的原理和发力方式的同时，还要帮助学生厘清舞蹈这门学问背后的价值所在。例如，中国古典舞女子群舞《簪花一卷》的灵感来源于唐代名作《簪花仕女图》，舞蹈教师在排演的过程中从"描形"到"写意"，启发学生思考"花"与"生命"之间的关系。作品以"花"为载体其意味不止于此，一群妙龄少女所表现的花期可待，本就蕴含着生命的无限美好与无限可能，让学生以其为视角一窥大唐丰腴自信场景，用舞蹈语汇描绘出奔放瑰丽的历史风貌、国泰民安的政治局势、狂放潇洒的诗词歌赋、巍然屹立的锦绣河山，从而带动学生走进了"大唐盛世"的繁荣景象，探讨出作品背后的美学特质和文化心理。这样的情景式教学方法，能够让学生深入了解并切身感悟所要表演的

角色，较之手把手地反复强调每一个动作的规格要领，更能让学生在角色塑造中多一份自我感悟的生气。

在舞蹈表演人才的培养研究中，课程思政需要以专业知识为核心、以专业理论为根基。课程思政若是脱离了学科体系，终究还是会沦为思政的空泛和专业的死板所形成的不相交的两条线。所以，若想改变"只讲专业"的视域障碍，就需要把眼光放得长远，与时代命题相结合。这就需要教师在专业课堂中完善教学策略，不断地提升对于学生的综合能力培养，从而树立学生的行业自信。作为新时代的舞蹈专业教育者，需要登高望远并且及时了解时代格局。唯有从理论与实践两方面共同进步，不断推动中华优秀传统文化创造性转化创新性发展，才能使艺术创作不断攀登"思想精深、艺术精湛、制作精良"的审美高地，进而成为"用文艺讲好中国故事，推动中国文化走出去"走得长、走得远、走得实的基石。

二、丰富育人内涵：课程思政与传统文化结合

基于新的课程观念，教师在舞蹈专业的授课过程中不能仅满足于让学生有良好的身体能力呈现，而是要做到把传统文化的精髓贯穿于每一个动作始终，融化于细枝末节。在教学活动中以"激活学生"为主要目的，让学生感到想要完成动作的质感并不是一味地机械地练习和教条的遵守，而是要将动作的价值作为教学内核悄无声息地灌输给学生，以达到强化学生涵养的教学目的。古往今来，中华民族之所以在世界有地位、有影响，靠的是中华文化的强大感召力和吸引力。我们先人早就认识到"远人不服，则修文德以来之"的道理。在中国古典舞身韵课的教学中，教师可以将"谚诀"作为教学用语来辅助学生更深层次的领悟动作要义。"谚诀"作为中华民族文化智慧的结晶，对于中国古典舞动作的原理、方法以及审美原则等有着精练准确的概括，其所具有的准确生动、浓缩洗练、节奏鲜明等特点，更是能让它在当下舞蹈专业教学中发挥事半功倍的作用，对于中国舞蹈的口传心授和言传身教，也起到了至关重要的衔接作用。

在《中国古典舞教学谚诀汇编》这本书中的"演员不动神，观众便走

神；演员不动情，观众不同情"这一句谚诀可以为中国古典舞的表演带来一定的启示和提点。舞蹈演员的职责就是在舞台上塑造鲜明的角色，用精湛的技巧、细腻的表演、饱满的情绪将作品的内涵与编导的意图传递给观众。作为舞蹈演员，不能只感动自己，也要去感化观众。这句谚语的延伸之意在于，演员不仅要让自己"身临其境"，更要让广大观众从演员的眼神表演和情绪的转换中看到、猜到、体会到那种引人遐想的情境。通过表演去引导观众产生联想的欲望，并进而融会到演员所尽力"观看"的那个想象中的"浓情美景"中。"文修其心，舞练其身"，一名优秀的舞蹈演员所具备的文化素养和职业修养，不是一蹴而就的，这与舞蹈演员长期的刻苦学习、认真钻研、勇于探索、执着追求等息息相关。

"艺术来源于生活且高于生活"，舞蹈演员的艺术潜力来源于生活中的方方面面，除了具有扎实的基本功技巧与精湛的表演能力之外，还需要具有一定的文化内涵，以及对于当前时代发展的认知与独特视角。所以要不断地丰富其知识领域、开阔视野、完善独立思考的能力。因此，传统文化的传递需要在日常教学过程中时时注入，让学生在熏陶和浸润中将中国舞蹈的发力方式和审美意识深入骨髓筋脉中，形成一种自发式的体悟和认知，并将优秀的传统文化通过身体表现传达得活灵活现。

三、彰显艺术特色：课程思政与舞蹈精神结合

在新时代下的北京舞蹈学院中国舞蹈专业人才培养体系建设中，如何把党领导舞蹈艺术事业的初心和使命、中国舞蹈先驱者的价值实践、体现人民性的艺术价值导向、承载当代艺术责任与使命融入舞蹈专业的人才培养体系中去，是我们将课程思想政治与舞蹈精神相结合及理解何为"为人民而舞"的意义。在完善培养体系的工作中，应自觉将国家重大演出任务的承接纳入办学体系中，把为国服务、为首都发展投身、为建设文化强国作为专业发展和培养目标的内生动力。以"新中国成立70周年""建党100周年"等国家大型活动为例，作为当代的舞蹈人才不应该只囿于艺术圈内的舞台表演，而应该将自身专业结合爱国情怀和艺术精神，积极投身

于国家重大的演出任务中去，从而提升个人能力和奉献意识。身为师者，也应当主动地依托国家重大任务而鼓励学生，让学生意识到将专业与时代步伐相结合的重要性和必要性。与此同时，还应当积极组织学生观摩《杨家岭的春天》《唱支山歌给党听》《井冈·井冈》等优秀的舞剧作品，让学生通过对作品的学习，深入理解其蕴含的红色文化，体会中国革命精神在舞蹈作品中的传递，并从舞蹈作品中汲取力量。这不仅是课程思政的引领，更是在当前对于党的二十大精神、北京舞蹈学院第二次党代会精神的践行举措。

此外，北京舞蹈学院"百年百部"舞蹈艺术作品的推出，是提供给作为新时代的舞蹈学生回望历史、学习历史和扎根历史的一个非常有效的平台。从历史中汲取到的信仰、智慧和无限力量，是"百年百部"给予学生的精神养分。通过对于"百年百部"舞蹈艺术作品中红色主题舞蹈的温习，能够使舞院在教育方针上实现思政教育与专业教育的深度融合，以期在深入挖掘优秀剧目的内涵、剖析其创作方法和精神内核、领悟艺术家不同时代的艺术语汇等方面，为学生提供有效的探索途径和对话桥梁。北京舞蹈学院的"百年百部"作品展播工程，也是北京舞蹈学院"实践育人"工程的一个缩影。这充分展现了当代舞蹈人的历史使命和责任担当，在"大思政课"的时代指引下，在舞蹈行业展现教育格局和文化自信的时代潮流中，书写了浓墨重彩的一笔。而作为新时代的舞蹈教育工作者，更要从精神层面去引领学生践行社会主义核心价值观，坚定"爱国爱校爱舞蹈"的艺术理念，树立"为人民而舞"的舞蹈艺术情怀。以"创造性转化、创新性发展"为己任，用舞蹈专业的滋养为社会呈现一份时代答卷。

四、把握时代坐标：课程思政与人民需求结合

文艺作品是时代前进的号角，代表着一个时代的精神面貌和社会风气。当代的文艺创作者应当坚持以"人民为中心"的创作导向，把人民始终放在心上，知人民所想、懂人民冷暖。根据近年来文艺发展的历史定位和时代坐标来看，艺术作品已经用独到而深远的内涵回答了一个个中国之

问、时代之问、人民之问。作为新时代北京舞蹈学院中国舞蹈专业的教育，应当打开对于舞蹈艺术用途的广角，将课程思政与人民需求相结合，做到演员、作品、乃至行业的与时俱进，同频共振。以毕业生息息相关的就业指导课程为例，教师应密切关注舞蹈行业在社会层面的就业情况和需求，并通过专业知识向学生普及舞蹈在艺术行业中的地位，如何在社会中与他人建立联系，以及在国家的需求和发展上有何用武之地等。把思政元素和专业发展交汇对接与深度融合，充分凸显舞蹈专业的价值引导和育人功能，让学生在这种关联和思考中确立自身的未来发展与方向，用从课程思政中领悟到的实际举措形成职业发展与规划，再用自身的专业能力与行动力演绎中国当代故事，回报人民和时代的需求。

与此同时，北京舞蹈学院作为世界知名的舞蹈艺术院校，不仅在艺术圈内、国家大型活动的演出或赛事中处于龙头地位，更是在与跨界、跨文化的融合中挑起大梁，充分展现出属于北京舞蹈学院的新时代贡献。2023年7月，作为唯一受邀参与首届国际基础科学大会文艺演出的主创单位，以科技与艺术之间的巅峰相聚为契机，贯彻"为人民而舞，为时代建功"的艺术价值追求，是努力贯彻党的文艺方针、发挥优秀舞蹈话语权、推广中国传统文化的一次卓越实践。于学院而言，拓宽了舞蹈专业教育和舞蹈表演艺术的辐射范围，是用科技和艺术的互促双赢下谱写的新时代舞蹈华章，用实际行动坚守"为人民而舞"的初心与使命，以生动优美的舞蹈形象诠释生生不息的民族精神；于参演的学生而言，不仅是一次隆重且难得的演出机会和表演经历，更是在以思政底色晕染专业教学的机遇下，帮助学生汲取课程思政的力量，实现课程思政与专业教学的双向奔赴，从而提升舞蹈作品的底蕴和学生舞蹈表演的热情，达到多元化、时代化、立体化的舞蹈教育维度。使得学生以热情饱满的青春面貌，铭记着一代代北舞人的赤子之心，用赓续相传的北舞基因为国际献礼、为时代建功。

五、结　语

以课程思政助推新时代北京舞蹈学院中国舞蹈专业的教学，涉及从

"输入"到"输出"的全过程舞蹈人才培养模式。是以课堂为出发点融入思政元素并因势利导，引导学生关注舞蹈表演、舞蹈精神和舞蹈需求等现实生活问题，鼓励学生做延伸性的学习研究，以及教师在教学反思的过程中，围绕课程思政的内容采取适于本专业特色化的教学方法，形成课程思政和专业课的相长过程，达到事半功倍的育人目标，从而回应时代的声音。2023 年 8 月，由文旅部主办、北京舞蹈学院承办的第十三届"桃李杯"全国青少年舞蹈教育教学成果终评展演中，北京舞蹈学院作为全国舞蹈人才培养的核心领域，更为关注当下舞蹈教学的变化，以更加广阔和多元的视角创新舞蹈作品，使舞蹈展现出新时代教学的面貌和气象。为优秀的青少年舞蹈表演人才提供了广阔的表演平台，为持续中国舞蹈事业的繁荣发展服务与奉献。

  回望来路，一代代北舞人栉风沐雨，从未停歇前人对于舞蹈人才培养期许的脚步，探索与实践培养舞蹈表演专业人才的方法与质量；一支支优秀的教学团队以"文舞相融，德艺双馨"为教学原则，打造了以课程思政贯穿育人体系与专业课程互通互融的联动模式，充分发挥了舞蹈学科文化在新时代中的育人功能。在即将迎来北京舞蹈学院 70 周年校庆之际，学院将继续深入贯彻党中央的决策部署，坚持以习近平新时代中国特色社会主义思想培根铸魂，努力破解时代难题，推进高质量办学效率。学院将以行业引领者的姿态把握好"培养什么人、怎样培养人、为谁培养人"等一系列教育的根本问题，对于学生在思想认知、专业实践、价值取向等方面进行深层次、全方位的塑造。积极开展课程思政理论与专业实践的教学研究，推动学院重大科研项目的研究与立项，促进舞蹈专业教学的高质量发展和学院的内涵式提升，以发展的眼光助力新时代教育强国战略。

文化自信融入高校舞蹈课堂教学的实践途径
——以"中国民族民间舞蹈动作分析与编舞"课程为例

高 度

北京舞蹈学院学术委员会主任，北京舞蹈学院教授

【内容摘要】"中国民族民间舞动作分析与编舞"课程自1996年在"烟台教育教学会议改革"中正式提出并开设以来已有27载。该课程以培养职业化民族民间舞蹈人才为主要目标，结合课程思政的价值理念与精神追求，以原生态民间舞蹈及舞蹈文化为教学重点，建立起学生对于传承和创新中华优秀传统文化的强烈意识，使其在掌握知识的基础上灵活运用、融会贯通，进一步渗透于舞蹈创作实践过程及作品中。凭借该课程自身的实践特点，发挥文化育人与实践育人的作用，达到二者相辅相成的教学目标，在推出优秀舞蹈作品的同时，更是培养创造性人才的有益途径。

【关键词】课程思政；中国民族民间舞；舞蹈创作；传承与创新

"文化自信，是一个国家、一个民族、一个政党对自身文化价值的充分肯定，对自身文化生命力的坚定信念。"[①] 自党的十八大习近平总书记提出"文化自信"以来，不断挖掘出其重要的当代价值，文化自信既是增强中华民族文化软实力的源泉与动力，也是应对世界异质文化冲突与融合的

---

① 云杉. 文化自觉文化自信文化自强——对繁荣发展中国特色社会主义文化的思考（中）[J]. 红旗文稿. 2010（16）.

心理支撑，更是实现中华民族伟大复兴的精神支柱。"中国民族民间舞动作分析与编舞"课程在遵循舞蹈专业教学规律的前提下，不仅将思想政治教育理念融入课程教学环节之中，助推学生价值观的形成，同时也在教学实践中表达了对传统文化、传统思想价值体系的认同与尊崇，引导学生坚持文化自信，树立正确的文化观念和坚定的政治立场。

一、"中国民族民间舞动作分析与编舞"之课程历史沿革

1996年，"烟台教育教学会议改革"，笔者明确提出了课程建设方面的设想，即除基本辅助课之外开设："传统组合课——桃李杯组合课——动作分析课。从原生态民间舞及舞蹈文化的角度指导我们目前的教学及创作，培养具有创造性的人才。"由此，"中国民族民间舞动作分析与编舞"成为中国民族民间舞基础训练课之一，并在当年纳入教学大纲之中。该课程目的是完善学科的课程设置，在中国民族民间舞基础课（北京舞蹈学院汉族、藏族、蒙古族、维吾尔族、朝鲜族）的基础上，突破创新，探索适用于中国民族民间舞蹈创作的逻辑方法。

舞蹈自身被视为独立的艺术学科进入高等教育领域后，单纯的技术传授、舞蹈作品的传授已无法完全实现舞蹈的教育功能。为了完善其体系架构，全方位地培养创造型的人才，课程注重从素质教育入手，以培养技能型人才、智能型人才，到培养创造型的人才的转变。"动作分析"概念的提出，强调了动作性在职业化民族民间舞蹈教育中的重要性，通过对动作内部的形式、路线、空间、方位、调度、力度、风格等结构因素的解构，帮助学生开发动作与技巧编创的可能性，从而达到对身体语言的深刻认识。而提出以动作分析的方式进行中国民族民间舞蹈创作，其课程开设的目的主要有三个方面：其一，准确地认识中国民族民间舞蹈素材。即把"学院派"民间舞的动作语汇从元素形态抽解出来，将其放到原生文化语境中，使舞者了解其存在于原生文化语境的内在经验。其二，正确地使用中国民族民间舞蹈素材。通过已获得的内在经验，对"学院派"民间舞动作语汇进行归类，遵循民间舞蹈的文化逻辑，在创作时才能获得普世层面

的文化认同。其三，创造新的中国民族民间舞蹈素材。在把握不同民族文化背景、动作来源和功能后，探求民间舞蹈动作语汇发展的可能性。

作为面向舞蹈表演（中国民族民间舞）第三学年的全体学生的必修课，该课程已延续 27 年之久。课程从原生态民间舞蹈及舞蹈文化的角度，通过对民间舞蹈语汇深入地认识和分析，在不断地创作探索与实践中，培养学生的动作思维能力，提升他们对民间舞蹈素材的认识及运用能力，通过个性化的培养与创造力的开发，挖掘了学生的创新性能力。授课过程中，教师注重对学生世界观、人生观和价值观的引领，着重对于社会主义核心价值观的编创思维的引导。基于中国民族民间舞蹈在中国舞蹈艺术文化中的传统性和特殊性，建立起学生对于传承和创新中华优秀传统文化强烈意识。可以说，"中国民族民间舞蹈动作分析与编舞"课程的构建是完善舞蹈学科建设的需要，也是顺应高等舞蹈教育的时代需要。

二、"中国民族民间舞动作分析与编舞"之目标定位与实施

1. 课程的特性

"中国民族民间舞动作分析与编舞"课程以"解析动作与引导训练"为主要授课方式。在整个教学环节中，教师始终围绕着学生这一主体展开个性化教学。

首先，对于中国民族民间舞蹈的传统文化认知。了解中国民族民间舞蹈地域文化及审美特征，熟悉教材内容，教材形成过程，掌握教材核心，探寻文化渊源。

其次，通过本体教学强调课程的实践性。教师以引导的方式为学生在课堂上提供充分实践的平台，使学生在实践过程中提高动作的分析与编创能力；强调创新性，建立审美理念，让学生在中国民族民间舞编创中体现出不偏离文化"轨迹"的二度创作，能熟练地运用编创基本技法，探求动作多种可能性。

最后，强化思维培养的动作分析课，以思维训练为核心，教师通过课堂教学互动、线上辅助教学手段等多种引导、启发式训练，帮助学生开阔

思路，形成开放性和发散式思维。

2. 课程的教学目标

单纯的"动作分析"是一种从理性认知上升到感性体验的过程，通过对动作的感知实现多种可能性变化的实践活动。而"中国民族民间舞动作分析"，则是对程式化的民族民间舞蹈动作进行分析，在即兴与创作等实践活动中获得相关的身体经验，对原有动作产生新的理解和认识。它是在打破思维束缚的基础上，以引导与启发的方式提高学生的认知力与艺术创造力，帮助学生把握中国民族民间舞蹈风格的审美认知、文化底蕴与精神内涵，同时训练学生的创新意识，提升对民族文化的强烈自信感。课程操作具体分为两个层面：一是对中国民族民间舞原生态动作风格与形式内涵的分析；二是对学院派民间舞程式化的动律及规律的分析。

在不同层面下，通过相互贯通的分析与引导训练，从而达到以激发学生创造潜能、打破程式化舞蹈表演模式的固化思维为目的，通过探寻动作本身具有的文化内涵，及其在动态、韵律、连接、空间等方面外部呈现方式，提高学生对中国民族民间舞蹈的认识与创新能力。

3. 课程的实施

根据中国民族民间舞职业化人才培养的需求，自开创该门课程以来，面向舞蹈表演（中国民族民间舞）三年级全体学生，并以学年为单位进行独舞与群舞编创的课程学时分配。

（1）社会核心价值观的编创思维引导，树立正确的编创观念，建立对于传统内涵的导入与认知。

（2）学院派民间舞的基本历史概述的讲授，延伸动作分析的基本理论介绍与讲解，让学生充分体会中国民族民间舞动作分析的基本概念、动作分析的主旨、动作分析的意义与方法。

（3）在独舞编创中，主要从动作可能性训练、动作结构分析、动作可能性拓展训练、传统片段分析以及剧目分析中，帮助学生建立独舞的编创意识，例如通过动作结构分析，以示范和讲解练习内容，从动作的时、空、力三方面进行分析与主题分析。使学生理解动作的构成要素及逻辑关系，最终独立完成个人作品创作。

以班级为单位的群舞编创当中，则是以群舞动机分析、群舞创作先行方式引导、群舞调度训练、动作结构分析的方式，指导学生完成作品的构想与实践。例如，在主题想象力训练中，引导学生对于纯动作想象力、主题想象力、音乐想象力的练习；在形式与内容的关系上，思考如何调度。并结合课堂训练与解析的方式，帮助学生探索群舞创作的可能性。培养学生的团队协作能力，完成群舞的作品创作。

4. 课程的评定方式

"中国民族民间舞动作分析与编舞"课程的考核内容最终以日常考核与期末作品编创展示为目标。第一学期课程通过对动作的认识为基础，要求学生基本掌握编创所需的基本技法，训练独舞的编创能力。在创作练习与作业回课中，逐渐完善与形成个人作品。以要求学生基本达到本学期教学任务中的各项内容为主，将学生个人在自我能力上的提升情况，结合期末展示与汇报情况进行考核。第二学期课程主要是训练群舞的创作能力培养与思维引导，要求学生基本掌握对于群舞创作的核心内涵，在相互协作间共同完善与形成群舞作品。最终达到本学期教学任务中的各项内容为主，将学生在团队协作能力之下结合作品创作的提升情况，完成期末展示情况与汇报进行考核。

三、"中国民族民间舞动作分析与编舞"于课程思政的探索创新

2020年5月28日教育部关于《高等学校课程思政建设指导纲要》提出，艺术学类专业课程中，要在课程教学中教育引导学生立足时代、扎根人民、深入生活，树立正确的艺术观和创作观。"思想政治教育必须注重文化传承创新与文化育人的责任担当。"[①] "中国民族民间舞动作分析与编舞"以培养中国民族民间舞蹈职业化人才为目标，以激发学生的创造潜能为目的，结合课程思政的内容，使学生了解中国各民族舞蹈的文化传统与

---

① 雷骥. 论文化自觉视域中思想政治教育的使命 [J]. 学校党建与思想教育. 2013（1）：24-26.

观念。学生通过对所学知识的再升华与提高，得到思维上的正向引导，创作出具有时代意义与社会价值的优秀作品。这一过程渗透着从精神和身体两个层面对学生进行文化自信教育的过程，由身体模仿向其深层的文化支撑深掘，在思维的拓展与精神的共鸣中体会民族民间舞蹈文化的魅力与内涵，在由心到身的创作训练中自觉承担起文化传承的使命，唤醒文化自觉的主体意识。

1. 挖掘思政元素，教学理念的内容创新

教育政策作为人才培养的风向标，是"育人"的关键一步。教学理念的跟进则是课堂"育人"的重要一环。通过"动作分析"原理，教师从专业实践的授课中加强动作背后民间舞蹈文化层面的知识点讲解，同时将爱国主义精神与个人对社会的奉献意识潜移默化地融入专业历史的讲解之中。对中国民族民间舞原生态动作风格内涵和职业化中国民族民间舞程式化动律规律的分析，研究、探寻肢体语言本身独特的规律和背后隐藏的文化内涵，并运用启发式思维训练的方法，解构和重建中国民族民间舞动作语言，寻找动作发展的多种可能性。课堂上学生汲取专业知识，拓宽眼界，从宏观至微观的层面对中国民族民间舞蹈发展、审美走向展开思考和分析，进一步提高创作者的创新能力，培养高雅情趣、积极乐观的艺术审美与人生观念。

2. 渗透文化内涵，技术运用的方法创新

传统文化作为国家社会主义事业发展的重要基础，将优秀传统文化融入课堂思政教育，起到对大学生文化自觉与文化自信的培养。课堂中，学生在思维、即兴、机遇、动机发展等因素的引导训练下探索编舞中的多种"可能性"。通过课堂实践获得可行且有效的方式与方法，以此举一反三，在既尊重民间文化和动律规律，又不失民族民间舞精神特质的基础上，探索新的表现方式与产生多种意义的可能性。课堂中特别注重对学生作品选材的正面引导，从设计个人的主题、结构与立意，在授课教师的层层把关中得到思想引导与编创指向。通过实践活动获得相关的身体经验，使学生对原有动作产生新的理解和认识，并从艺术、科学、审美等不同层面把握中国民族民间舞蹈的核心内涵，以此通过系列作品的呈现给予直观的视觉享受和文化输出。

作为一门实践课程,"中国民族民间舞动作分析与编舞"不仅从思维和技能方面训练和提高了学生对民族民间舞蹈的认知和创作能力,在这一过程中也内化了文化自觉与文化自信以及在精神层面的培养和构建,力求教育出全面发展的高层次舞蹈人才。对于教师而言,必须有意识地、多渠道地提高自己的思想政治意识,培养自身的民族民间舞蹈文化素养,以身作则、身体力行地做学生的思想道德模范,使其对民族传统文化耳濡目染,从而更好地将文化教育渗透在舞蹈教学的各个环节中。此外,在"以学生为中心""以学习为中心"的教育理念下,不断更新和丰富多样化的教学手段,力求实现舞蹈创新型课堂的改革,在切实提高学生自主学习能力和创新能力的同时,于潜移默化中增强其对民族文化的认知和审美水平,实现培育文化自觉和文化自信的深层目标。

四、结 语

文化自信是主体对自身文化的认同、肯定和坚守。[①] 拥有文化自觉和文化自信是提高国家软实力、实现民族自强、国家繁荣的内在需求。[②] 高校的思想政治教育应该通过文化自觉与文化自信的培育,为知识的创造、理念的更新、人才的进步提供价值导向,自觉承担起运用文化引领社会进步的社会责任和历史使命,培养具备舞蹈文化素养和专业技能的高层次、全方位舞蹈人才。其中最重要的路径是通过教育使学生进入文化的精神领域,用文化自觉和文化自信所蕴含的精神力量滋养其人格,成为学生价值观的基底,成为他们学习专业理论和实践技能的助力,最终转化为推动社会进步的文化力。

对于中国民族民间舞蹈而言,文化是一切发展的根本,要想获得更加长足的发展,就必须坚持以文化为核心,在坚持文化自信的道路上,始终弘扬时代精神,以中华优秀民族传统文化为守正创新的根基,坚持舞蹈源

---

① 张友谊. 从文化自觉到文化自信 [N]. 光明日报, 2017-11-29 (11).
② 郑承军. 文化自信:更基本更深沉更持久的力量 [J]. 晚霞, 2016 (14): 44-47.

于生活、服务人民的发展理念。只有不断提高舞蹈人自身的文化修养和主体意识，才能唤起大众的文化觉醒和文化认同，只有舞者充分理解了民族民间舞的思想内涵以及深厚文化底蕴，才能充分发挥和展现出强大的民族精神力。在高校舞蹈课程中利用多样化的教学方式融入以文化自信为核心的课程思想政治内容，有效地唤醒学生的文化传承意识，增强学生对民族传统文化由内而外的自豪感和认同感。把握其内涵，弘扬其精神，最终实现对中华民族文化精神的传承和坚守。

参考文献

[1] 高度. 中国民族民间舞动作分析与创编法 [M]. 上海：上海音乐出版社，2014：11.

[2] 高度. 关于开设"中国民间舞动作分析课"的设想 [J]. 北京舞蹈学院学报，1998（2）.

[3] 雷骥. 论文化自觉视域中思想政治教育的使命 [J]. 学校党建与思想教育，2013（1）.

[4] 云杉. 文化自觉文化自信文化自强——对繁荣发展中国特色社会主义文化的思考（中）[J]. 红旗文稿，2010（16）.

[5] 张友谊. 从文化自觉到文化自信 [N]. 光明日报，2017-11-29（11）.

[6] 郑承军. 文化自信：更基本更深沉更持久的力量 [J]. 晚霞，2016（14）.

"以舞育人 以文化人"

——关于课程思政的几点思考

张晓梅

中国民族民间舞系主任、北京舞蹈学院教授

【内容摘要】"培养什么人、怎样培养人、为谁培养人是教育的根本问题,立德树人成效是检验高校一切工作的根本标准。"根据中共中央办公厅、国务院办公厅印发的《高等学校课程思政建设指导纲要》,北京舞蹈学院中国民族民间舞系在国家政策的引领与学院党委、中国舞党总支的领导下,积极响应,主动决策,认真落实,结合中国民族民间舞蹈专业的特性,以习近平新时代中国特色社会主义思想为统领,以为党育人、为国育才为宗旨,将思想政治教育与专业教育融为一体,并将课程思政的建设贯穿于教学的全部过程,最终以达到立德树人的育人目标。该文以近年来中国民族民间舞系课程思政建设案例为主体,通过分析课程思政在教学大纲、专业教研、教学手段、课堂教学、舞台实践等方面的落地成果,旨在反观中国民族民间舞系的育人目标与培养方法,争取在反思与总结中探求课程思政与专业教学相融合的多维角度,在新时代浪潮下为党和国家培养具备有素养、有担当、有情怀,能够适应社会发展需求的高水平舞蹈表演人才,做到真正的"以舞育人""以文化人"。

【关键词】课程思政;中国民族民间舞教学;舞蹈表演

一、课程思政进大纲——于教学大纲中体现课程思政理念，提高教学要求，指导教学实践

教学大纲作为教学活动中的引领性、指导性教材，对于教学大纲的修订则成为课程思政建设的首要环节。本次教学大纲的修订覆盖了包含必修课与选修课的全部范围，其中涉及中国民族民间舞基础训练课、舞蹈基本功课、传统与典型组合课、剧目课、毕业指导等所有类型的课群，将教学大纲调整工作下放至对应的授课教师，在中国舞党总支与系部统一的要求下，主要针对"思政育人目标"与教学内容提要中的"文化内容与思政元素"等部分进行完善与补充，将课程思政作为主动意识体现于教学大纲中。

经过多轮的商讨、修订以及实践和反思，结合中国民族民间舞专业的特性与教师多年的教学经验，最终在教学大纲中已体现出相对成熟的课程思政建设理念，同时在实践中对修订的内容进行检验，时刻提醒教师在教学过程中谨记立德树人根本任务，把握思政内涵在专业教学中的重要性，最终形成实践与理论的相互作用，不断完善教学大纲中的课程思政建设，从而更加准确、深刻地指导教学实践。

二、课程思政促教研——加强教师梯队建设，实现教学经验效益的最大化

教学研讨活动是整个教学过程中不容忽视的一环，其在课前的充分准备、课中的积极调整以及课后的分析总结都起到了非常重要的作用。自2020年开始，中国民族民间舞系开始将"课程思政建设"作为教研的主要内容之一，以完成立德树人根本任务为思想引领，加强人才培养质量为主要目的，以不同的教研室为实践群体，针对多种类型的课群积极组织了多次深入的研讨。

在整个过程中，教师结合所属课群的特性，共同挖掘思政教育元素，并思考思政元素与专业教育有机结合的形式，努力在二者间找寻潜移默化的教学手段。同时，教师在相互交流中分享教学案例，以案例的分析吸取教训、总结经验，在其中加强教师梯队建设的同时，提高教学效率与质量，实现教学经验效益的最大化。

三、课程思政融课堂——落实课程思政理念，实现"知识—素质—能力"的有机统一

在中共北京舞蹈学院第二次党员代表大会上的报告中讲道，"舞蹈表演专业以拔尖人才培养为目标，在'技能型高精尖'基础上，注重文化素养的全面提升。强化艺术实践，优化课程设置，加大剧目课教学比重，完善剧目库建设，凸显剧目课的核心课地位，建立以'剧目课教学'为核心的课程体系和'学演结合、以演促学'的表演人才培养机制，不断提升表演师资的集体高度。"

自 2021 年开始，中国民族民间舞系将"中国民族民间舞剧目"课程作为课程思政建设的切入点，同时依托"金课"的建设平台与要求，致力打造具备课程思政理念，以及高阶性、创新性、挑战性"金课"标准的剧目课群。并且在优秀基层教学组织中国民族民间舞系"表演与创作教研室"的组织与策划下，衍生了"中国民族民间舞剧目"课程汇报与中国民族民间舞系"大美不言·致敬百年"舞蹈作品晚会《舞心赤诚》的线上展播，使学生在课堂与舞台的跨越中，感受舞蹈艺术中的工匠精神，同时在舞台上的演绎中，深刻理解作品内涵，体悟中国民族民间舞蹈中传承的意韵。

正如《全面推进北京高等学校课程思政建设工作方案》中所要求的："艺术学类专业课程要在课程教学中教育引导学生立足时代、扎根人民、深入生活，树立正确的艺术观和创作观。坚持以美育人、以美化人，积极弘扬中华美育精神，引导学生自觉传承和弘扬中华优秀传统文化，全面提高学生的审美和人文素养，增强文化自信。"从 2021 年至今，中国民族民间舞系始终坚持挖掘经典作品及其思政内涵，继续打造"中国民族民间舞

剧目金课""基本功训练金课""中国民族民间舞金课"和"中国民族民间舞传统、典型组合金课"四类课群。以添加了课程思政内涵的教学大纲为指导，根据不同类型课群的各自特点，深度探究每类课群的课程思政建设的可行性路径与具体操作方式。同时，每类课群选择具有代表性的课程进行金课建设的汇报展示，起到树立榜样、创立模范作用的同时，为中国民族民间舞蹈金课建设与思政教育的共融共生提供了更为多元的视野与思路。

此外，面对研究生群体，中国民族民间舞系致力打造符合研究生培养目标的课程群，旨在培养创新型、复合型、应用型舞蹈人才，贯彻"请进来"的建设理念，聘请资深教授专家进入研究生课堂，全面完善研究生课程体系建设，体悟"传、帮、带"的文化传承精神，感悟前辈艺术家们对舞蹈艺术纯粹、热烈的追求，进一步激发学生对舞蹈事业刻苦钻研、倾心奉献的精神。

四、课程思政推实践——以剧育人，拓展思政教育阵地，于舞台实践中磨炼个人意志，感悟时代精神，获得身份认同，增强文化自信

舞台是舞蹈表演专业人才培养的目的地之一，剧作是舞蹈表演人才培养的高阶教材，在这个过程中，教师同样能够提高思想境界，获得教学经验。所以课程思政教育的建设重点也应延伸至舞台实践，做到以舞台实践带动课堂教学，以作品排演深化表演训练，以思政教育引导价值观念。

近年来，中国民族民间舞系策划、创作、圆满完成了"大美不言·致敬百年"舞蹈作品晚会《舞心赤诚》、原创民族舞剧《唱支山歌给党听》、原创舞蹈诗剧《杨家岭的春天》、国家艺术基金资助项目小型组舞《禾》《"为人民而舞"——纪念贾作光诞辰100周年舞蹈专场演出》等实践项目，均具有相当的历史价值、文化价值和思政价值，学生们沉浸在其中，潜移默化、溶盐入水地感受着虽来自"那个"年代但始终唱响当今时代的伟大精神。在课堂与舞台的跨越中，使学生深刻感受舞蹈艺术中的工匠精神，同时在舞台上的演绎中，深刻理解作品内涵，体悟中国民族民间舞蹈中传承的意韵。

在此具体围绕舞蹈诗剧《杨家岭的春天》的创排经历展开分析。2022年是毛泽东主席《在延安文艺座谈会上的讲话》发表80周年及习近平总书记在文艺工作座谈会上的讲话发表8周年。为贯彻落实两个讲话精神，学院与国家大剧院在进一步深化战略合作的基础上，坚持新时代"以人民为中心"的创作导向，联合创制舞蹈诗剧《杨家岭的春天》，践行党的二十大精神。舞蹈诗剧《杨家岭的春天》的创作灵感来自美术瑰宝——延安木刻版画。在物质匮乏但精神富足的年代，艺术家以生动笔触描绘出延安时期质朴而浪漫的生活与战斗场景。那些鲜活深刻的人物和画面，成为舞台创作的源泉。剧中的"艺术家"角色是作品表达的主体，通过三个篇章三个不同的故事从侧面表现出一批批觉醒的中国文艺青年，从全国各地奔赴延安，投身革命的洪流，融入火热的生活与革命实践，实现了思想的转变和精神的升华，开创了文艺的春天。从侧面表现出文艺工作者与人民同吃同住，体察人民、为人民发声之样貌。

中国民族民间舞系2019级学生临近毕业之际积极参与了该剧的创排工作，2021级的部分学生也积极参与其中，学生的专业能力与素养得到锻炼与提升的同时，也以实践的形式上了一堂生动的思政课。该剧全体演职人员于2022年8月在国家大剧院台湖舞美基地进行了为期一个月的封闭式排练，随后又在北京舞蹈学院舞蹈剧场进行细致化的修改、调整、完善。作品创排期间，学生身体素质得到了提高，意志得到了磨炼，面对一次次的作品修改，更是感受着精美、精良、精湛艺术作品的来之不易，从而引导学生树立精益求精、用心用情的艺术创作价值观念。与此同时，学生用身体对话80年前的艺术工作者与人民群众，感受着艺术家们以自己的方式为中华民族的生死存亡奉献力量，理解到"文艺要为人民服务""为人民而舞"的真正内涵，完成了学生向演员成长的一次蜕变。

另外，从主创团队立场而言，对于所有参与的教师都是一次进修学习、一次教研活动，一次思政教育。舞蹈诗剧《杨家岭的春天》立项以来，主创团队深入延安鲁艺、杨家岭、安塞等地开展采风活动，了解延安地区革命历史文化，走访民间艺人。与此同时，在舞剧创作过程中，主创团队多次召开研讨会与审查工作，对作品的剧本、整体架构、音乐制作、舞美制作、表现形式等进行深入探讨、论证，精心打磨提升。力求创作出传承革命文化、弘扬延安精神、观众喜闻乐见的优秀作品。纵有万难而从未止步改变，在后期，各位主创加入了更多延安特色，如秧歌步、陕北音乐，用《挑水舞》《抗旱舞》《妇纺小组》《豆选》舞段不仅代表着当时的特色的舞蹈，给下乡青年们带来了创作激情与生活源泉，更是教师在编创中融入了"为人民而舞"的理念，才能使观众在观看舞剧过程中进入80年前的延安，在老地方生发新感情，感受到编导心中那一抹"为人民而舞"的民间舞创作真章。主创团队也践行着习近平总书记在文艺工作座谈会上的讲话精神，以身入、情入、心入，踏踏实实、精益求精的创作宗旨，在富有陕北民间色彩的民俗民间场面中，重构起抗日战争时期延安根据地热烈、纯真、乐观向上的革命文艺氛围。在这个过程中，教师之间积极研究交流，将舞台实践作为抓手，共同探讨"以舞育人"的具体培养路径与方法，同时反哺于课堂教学，实现教学经验效益的最大化。

五、课程思政创手段——依托"一流专业建设"项目，打造教学辅助课件，探索课程思政建设的多维手段

因互联网的信息化、数字化特征以及高科技产品的发明与完善，依托"人才培养质量建设——一流专业（舞蹈表演）"项目，系部在教学过程中应用了现代多媒体教学手段，打造教学辅助课件，将思政教育元素作为主要建设内容，从而能够有效提升教学质量和教学效率，补足传统教学模式之不足，探索课程思政建设的多维手段。

自2021年开始，中国民族民间舞系主要选择了"中国民族民间舞蹈基础训练——傣族""中国民族民间舞蹈基础训练——朝鲜族""中国民族民间舞传统典型组合——汉族女班""舞蹈基本功训练""中国民族民间舞剧目"五门课程进行数字化教学附件的打造。结合五门课程各自的特性，透过提高视觉传达的准确性、直观性，打破时间、空间、语言的界限，为课程思政开拓了更为宽广、多元的建设平台。具体如大量搜集、运用网络平台中的视频、图片资料，以图文结合、思想教育与身体实践结合、跨学科结合等教学方式，将课程思政的元素融入专业教学中，在身体训练的同时给予学生思想层面的全方位知识输入。同时顺应高科技时代产业的步伐，将舞蹈课程、思想政治教育、多媒体结合与应用实践于课程教学之中，制造跨界艺术的合作机会，扩展了学生在课堂、课下学习时的多维度思辨能力，最终实现课程思政建设多维手段的创新。

"全面推进课程思政建设，就是要寓价值观引导于知识传授和能力培养之中，帮助学生塑造正确的世界观、人生观、价值观，这是人才培养的应有之义，更是必备内容。这一战略举措，影响甚至决定着接班人问题，影响甚至决定着国家长治久安，影响甚至决定着民族复兴和国家崛起。"中国民族民间舞蹈作为中华民族优秀传统文化之一，思政教育内涵包含在教学的每个环节和细节，近年来我们取得了一定的建设成果，同时也发现了一些可以进一步改善的地方，接下来我们需要继续做的便是深化、强化、实化、细化、优化课程思政建设，将课程思政建设落在实处，牢记立德树人、培根铸魂的教育宗旨，为党和国家培养符合社会与时代需求的接班人。

以舞育人构建"大思政"育人格局

秦丽秋

中国民族民间舞系教师党支部书记、北京舞蹈学院副教授

【内容摘要】 作为第三批"全国党建工作样板支部",中国民族民间舞系教师党支部在学院党委、中国舞党总支的领导下,积极构建"三全育人体系",努力把习近平总书记的讲话精神转化为"学、研、创、演"相结合的教学新形态,实施"八大教育工程",并将"以舞育人"作为人才培养重要抓手,构建全员全程全方位的"大思政"育人格局。本文围绕寻找如何利用在"大思政教育"的机遇下,守正创新,完成高校育人使命这一命题,提出三个课程思政建设路径。

首先,将课程建构为一堂启智润心的思政课,其作用在于教学目标是强化立德树人,教学内涵是思政铸魂教学,重要载体是优质精品课程,同时也是价值塑造的课程教学方法。其次,将课程建构为一堂至善至美的专业课,在当今的课程思政探索道路中,最需要以思政为核心,以教育体系、育人团队、实施路径、教学元素四个方面为载体,互相作用、上下贯通,利用好丰富多元、极具价值的文化瑰宝,同时加快建设线上教学资源智库,满足学生个性化学习需求。最后,建构一堂知行合一的实践课,努力在思政教育与艺术实践两者间搭建桥梁,为的是能在舞台实践演出任务一线讲好大思政课,是将服务保障国家重大演出任务转化为立德树人的具体实践。

【关键词】 以舞育人;大思政课程;舞蹈教育;中国民族民间舞

高校是进行知识经验传授和思想文化传播的教育基地，也是我国开展思想政治工作的战略要地。党的二十大报告中强调，要"用社会主义核心价值观铸魂育人，完善思想政治工作体系，推进大中小学思想政治教育一体化建设"，这指明了思政教育在学校教育中的重要地位，也表明了"思政"对于人的培养来说有着至关重要的意义。近年来，北京舞蹈学院在党的号召下，积极构建"三全育人体系"，建立健全实践思政课程等，努力将习近平总书记的讲话精神转化为"学、研、创、演"相结合的教学新形态，实施"八大教育工程"。将"以舞育人"作为人才培养的重要抓手，构建全员全程全方位的"大思政"育人格局。从以"舞"为途径这一点来看，在中华辽阔疆土大地上，不同地域的民族都有优秀的传统民族民间舞蹈，它们始终延续着其自身的文化根基，在时代与社会进步的推动下，代代相传。因此，在中国民族民间舞蹈高等教育课程思政建设与实践中，如何利用好传统文化基因的优势与在艺术成果上取得的造诣，在"大思政教育"的机遇下守正创新，完成高校育人的使命，是当今舞蹈高校教育工作者所必须直面的问题。

一、一堂启智润心的思政课

课程思政是高校思政工作的主要实践路径之一，是推动课程转化、形成新发展和新形态的主要方法之一，更是高校牢牢把握思想阵地、完成育人大计的主要手段之一。在舞蹈的课堂中，如何让"思政"自然地流淌于"美"的氛围之中，首先要对课程思政本身有一针见血的认知与见解，才能谈道专业教学体系下的理念、方法与实践。最终促成，知识"活"起来的主要目的，让学生深度认同，进而同向同行的"从游"。

1. 课程思政在高校的作用与理念

课程思政即"课程"与"思政"的结合，其最终的指向落点还是在教学育人。因此，我们必须从教育教学的角度去看待课程思政，其在教育教学视角下的作用主要有四。一是课程思政的教学目标是强化立德树人，对于高校来说，"立德树人"始终是作为教育机构的核心使命，而"思政"

则是教育这艘"大船"上的船帆始终引导着高校向着为国育人、为党育才的方向前进。这关系着怎样培养、如何培养、培养出什么样的人的根本问题。而高校正是要以"思政"促"育人",推动高质量课程的新发展,在实践中建立以中华美育精神为内涵的中国舞蹈教育育人体系,完成高校教育的根本任务。二是课程思政的教学内涵是思政铸魂教学,舞蹈的课堂是真正美的课堂,既有一目了然的外形美,也有深藏若虚的内在美。如果说艺术课程的核心是教会学生认识美与表达美,那么在美的教学中注入思政基因,则是告诉学生这样的美来自哪里,认识到这是谁的美,如何更加自信且有底蕴的美的问题,让舞蹈课程在美的基础上增加教学的内涵深度,有铸魂育人的重要作用。三是课程思政的重要载体是优质精品课程,在高校育人环节中,课程是育人最主要且最直接的途径,因此,在具有舞蹈文化内核的每一门优质精品课中挖掘不同的思政基因,形成有品质、有特色的精品课程,服务学生,培养人才。为立德树人而不断打磨出一批批能够承接思政基因高质量的课程。四是课程思政是价值塑造的课程教学方法,思政教育对于人最重要的作用便是塑造正确的积极的世界观、人生观、价值观,而这也正是"学艺先做人,做人德为先"的道理。因此,舞蹈学科的教师需要从各自专业本身出发挖掘恰当的思政基因,从而思考、提炼、融合成为塑造学生价值观念的教学方法。

舞蹈的课堂是传达美、认识美、表现美的课堂,既有一目了然的美,又有深藏若虚的美。在中国民族民间舞高等教育的立场上,我们要立足于民族舞蹈"文化整体观",把握其内在核心价值,探求创新当下中国民族民间舞蹈课程设置建设的理论方法与观念,丰富民族传统舞蹈文化在舞蹈艺术高等教育领域的表现形式,探索以中国民族民间舞蹈教育构建最符合现代化社会的育人格局。

2. 思政教育观下的舞蹈高等教育

所谓"知行合一,笃行致远",说明了教育要培养的是"知而有识、学而善用"之人,而不是"知而无识、学而无用"之人。大学教育应启发与引导学生,在学习中汲取知识的精华、在探究中领悟知识的真谛、在实践中彰显知识的价值,最终达成舞蹈人才知识结构的知、识、行的统一。

在"大思政"的新时代教育观念下，舞蹈高等教育的教师在教学中应融合课程思政，运用艺术思想去诠释某些舞蹈理论和现象，展现事理之间的相通性，体现人类探索艺术的轨迹、凝练知识的智慧、应用知识的历程，丰富学生的人文情怀。大学给予学生的不仅是知识本身，更多的应该是文化的熏陶、素质的养成、能力的历练、责任感的培育、使命感的担当与情怀的涵养。以此推进人类知识不断丰富和发展，推动社会主义现代化与中华民族伟大复兴。

强国必先强教，强教必先强师。教师是立教之本、兴教之源。党的十八大以来，习近平总书记高度重视教师队伍的建设工作，取得了突出的成绩，为我国教育事业发展做出了突出贡献。高校离不开有理想、有知识、有仁爱、有情操的好老师，因此，课程思政建设的核心要素是"人"，主要的"人"是学生，但在学生之前一定是教师，由教师构成一支高素质且有力量的"教师梯队"。在国家倡导的"一融双高"即高校党建与高等教育事业深度融合、以高质量党建引领推动高校为党育人、为国育才，实现高质量发展的号召下，在大学之中应贯彻"人事相宜"的队伍建设理念，实施"三结合"机制即坚持课程教学与思政育人相结合，专业育人与思政育人两手抓；坚持基础教学研究与课题研究相结合，以科研拉动教学的深度探索，不断提升教师的学术水平和教学能力，体现事业发展与教师成长的协同推进；坚持课程建设与专业建设相结合，紧紧围绕金课展开、推进，形成百花齐放的课程生态。在队伍之下，则是教师个人。对于教师个人来说，在教学水平上有三种境界，同样也是教师进阶的三个阶段：照纲复刻画、融会贯通、意境高远。每一个阶段的成长都必不可少，每一个阶段的跨越都需要长期的"盘与炼"，最后形成体系完备、教风独具特色的"大先生"。教学有法而无定法，贵在得法，而"课程思政"正是一条可行之法，对于大学的"人"的培养来说，通过此法，在传授专业知识技能的同时，激发学生的民族自信、家国情怀、创新精神、责任担当等，完成对"人"的精神价值塑造使命，应是大学教育始终抓住的一条"法"。

二、一堂至善至美的专业课

新时代高等教育形势下,作为教育一线的教育者我们不断思考如何抓好教学新基建,专业要改到要处、课程要改到深处、教材要改到实处、技术方法要改到难处。这些改革的核心是教师,痛点也同样是教师。在课程思政上的探索需要由上自下,再由下自上的"齿轮式"带动的集体发力。在而今的课程思政探索道路中,需要的是以思政为核心,以教学体系、育人团队、实施路径、教学元素四个方面为主抓手,使这四个方面相互作用,上下贯通,才能实现有效的思政教学。

走进北京舞蹈学院的课堂,更能体会舞蹈的魅力和浓浓的"爱国爱校爱舞蹈"的情怀。作为民间舞专业的教育者,我们的工作就是在教室里通过课程和学生探讨民间舞的美。庄子说,天地有大美而不言,人性有大善而不彰。生命如此美好,中国民族舞蹈文化又如此丰厚,而我们又感受到了多少,又将其通过艺术的方式融入教学表达了多少。"美"是诸多因素构成的综合感官体验,既有显性的"美",也有隐性的"美"。如维吾尔族库车赛乃姆的"热烈之美",傣族孔雀舞的"祥和之美",蒙古族萨吾尔登的"庄重之美"、藏族甲谐的"古朴之美"……千姿百态之美在民族文化的传承中,原生性的核心价值要保证留存,民族民间舞蹈文化的根源是其民族性的体现,这些丰富美好极具价值的文化瑰宝都是民间舞学科课程思政可充分利用的元素。而最常被民间舞教学选取的思政点恰恰是最能代表和体现中华民族优秀传统文化及精神品格的内在美。例如,爱国精神、求是精神、团结精神、奋进精神……这类具有海纳百川的包容性以及深藏若虚的精神品性。课程思政不等于为思政而思政,应是在课程教学中有机融入理想信念和精神品格教育。不能专业课同质化为"思政课",在专业课中强化思想政治教育意义和功能,而忽视了专业课的教学特点和规律,避免生硬植入、直接说教,思政元素没有自然融入课程教学。民间舞教育者通过采风实地调研,体验"人、物、生活"里耐人寻味的生命精神传达给学生,正所谓"见人见物见生活",人之形,物之语,生活之味,这正是舞蹈中至善至美的情感源头。中国民族民间舞的才情趣味之美总是以最自然、最生动的方式扑面而来，在课堂教学中感染一代代民间舞学子。

除了利用好线下的专业课程，线上的课程之也需要加快建设教学资源智库，扩大科技赋能背景下舞蹈数字教育的发展，将数字教材——双语慕课、数字课件——课程思政案例、数字课程——混合式教学案例、在线试题库——问答思考、艺术实践案例等资源形成配套教学的"教学资源智库"，融合现代信息技术，精耕深拓，建设优质教学资源，满足学生个性化学习需求，并为新冠疫情下的全国同类课程教学发展发挥积极作用。

三、一堂知行合一的实践课

"思政教育"不单单是简单、直接、枯燥的精神传达或故事讲解，其最重要的目的是使学生获得"知行合一"的能力，让舞蹈艺术的大学生可以用自己的专业能力表达某种精神力量。从艺术育人和思政育人的最终结果来看，两者都可以对人的心灵、思想、精神观念、价值构建等方面起到积极的影响。因此，艺术实践与思政本就"不谋而合"。换言之，若舞蹈艺术高校能很好的把"艺术实践"与"思政教育"融合起来，上好舞蹈专业特色的思政课程，在结果上则是一举两得、并蒂花开的好事。

近年来，在艺术实践与思政融合路径的探索中，北京舞蹈学院中国民族民间舞系一直通过"以舞育人"筑牢育人之根，把立德树人作为中心环节。努力在"思政教育"与"艺术实践"两者之间搭建桥梁，为的是能在舞台实践演出任务一线讲好"大思政课"。在北京舞蹈学院最新创演的民族舞剧《唱支山歌给党听》、舞蹈诗剧《杨家岭的春天》《"为人民而舞"——纪念贾作光先生诞辰100周年舞蹈专场演出》等联合大型活动中，勇于创新"三全育人"体系下学、研、创、演相结合的实践教学新形态，用舞蹈展现时代风貌，讲述中国故事，弘扬中国精神。"深入生活、扎根人民"充分为"中国精神"注入新的时代内涵。师生深度参与《唱支山歌给党听》《杨家岭的春天》的创排工作，在创演全过程中，发扬拼搏精神、斗争精神，将党的文艺方针政策的理论学习贯穿师生排演始终，深挖作品内涵以舞育人。

中国民族民间舞系将服务保障国家重大演出任务转化为立德树人具体实践。中国民族民间舞系的教师始终秉承"行胜于言"的教育理念，出色完成了改革开放40周年文艺演出《我们的四十年》、"一带一路"高峰论坛文艺演出《千年之约》、庆祝中华人民共和国成立70周年音乐舞蹈史诗《奋斗吧，中华儿女》及天安门广场联欢活动、庆祝中国共产党成立100周年大型情景史诗《伟大征程》文艺演出等国家重大任务。在承担这些任务过程中，教师们涌现了诸如"三十次路过家门而不入""舍小家为国家""默默奉献 舍我其谁"等数不清的学为人师、行为世范的动人故事。在党和国家重大纪念活动的重要时刻，北京舞蹈学院的师生们冲锋在前，在关键时刻听党召唤、听党指挥、为党服务，并能将国家重大任务作为实现办学任务的标志性验证，作为立德树人教育理念实施的重要方式，引领带动师生圆满完成党和国家重要演出任务，排演中实现师生的自我教育与相互教育。

作为新时代的舞蹈教育者，完善"思政+舞蹈"育人模式，聚焦文艺前沿热点问题，深挖专业课育人功能和思政内涵，把红色基因融入教材和专业中，把思想政治工作贯穿教育教学全过程，在"以舞育人"中践行教师立德树人的教育核心理念，传承红色基因，全面培育德艺双馨、以德为先的高素质艺术人才。让我们以舞育人，以美塑人，引领浸润，深化拓展，建立以中华美育精神为内核的中国民族民间舞课程思政。打造人无我有、人有我优、人优我特的舞蹈教育育人体系。北京舞蹈学院各个学科的课程特色皆不相同，因为不同，所以美好，相信在学院全体教师的共同努力下，我们的课堂一定是美美与共的"最美课堂"。

四、结　语

对于中国民族民间舞教育的课程思政来说，"课程"就是教育教学的根基，"走入课堂"则是中华优秀传统民族民间舞蹈文化"思想"的价值体现。作为教师，我们日复一日的在淬炼"美"，历经岁月的磨砺、时间的历练得出的文化"精髓"。从而探索出以中国民族民间舞蹈教育构建最符合现代化社会的育人格局。作为新时代的舞蹈教育者，让我们"以舞育人、以美塑人"引领、浸润、深化、拓展，构建以中华美育精神为内核的中国民族民间舞蹈"大思政"育人格局，打造人无我有、人有我优、人优我特的舞蹈教育育人体系，守正创新，拾阶而上，因应时代，竞胜未来。

中国民族民间舞课程思政实践研究

——以"中国民族民间舞基础训练（安徽花鼓灯）"为例

黄奕华

北京舞蹈学院第六届学术委员会委员、北京舞蹈学院教授

【内容摘要】以"文化浸润"的教育观与"课程思政"的教育理念为指导思想，旨在挖掘中华优秀传统文化代表性内容中的"课程思政"内涵。以"中国民族民间舞基础训练（安徽花鼓灯）"为个案，将其进行多维度的教学设计，实现对学生综合性、全面性、全员性、全过程的培养。通过"文化认知""本体教学""思维培养"三个教学维度课程思政教学资源的深挖，达到"思想提升"的主要育人目标。

【关键词】文化浸润；多维度；育人理念

以北京舞蹈学院国家级一流本科课程——"中国民族民间舞基础训练"课程为研究载体，以"文化浸润"的教育观与"课程思政"的教育理念为指导思想，旨在挖掘中华优秀传统文化代表性内容中的"课程思政"内涵。以"中国民族民间舞基础训练（安徽花鼓灯）"为个案，将其进行多维度的教学设计，实现对学生综合性、全面性、全员性、全过程的培养。主要体现为：一方面，强化舞蹈表演人才专业能力培养的舞蹈本体教学优势特色。另一方面，将文化认知、思维培养与思想提升的教育目标

进行同步化融合。即将专业能力训练延伸到思想境界的提升，引导学生形成"民间—教室—舞台"认知逻辑，深入理解中华文明的优质基因，实现高水平的活态文化传承。最终，形成具体的、可操作的、有效的、高质量的育人做法，并呈现可观性、可量化、可分析的效果研究结果。研究重点为育人做法与效果研究两大部分：育人做法这部分主要通过质性研究方法，从教学实践总结有益教学经验；效果研究这部分主要通过量化研究方法，从数据中检验育人做法的实效性。同时，在课题研究的过程中，两者相辅相成、相互监督与促进，确保本研究可以得出具体、真实的研究结论。

一、课程思政育人做法研究

在"育人做法"部分的研究中，主要按照教学内容、教学方法、教学空间、教学检验、教师能力五个层面展开实践与经验的总结。具体如下。

1. 教学内容：以教学的"三个维度"挖掘课程思政资源

在教学内容方面，本研究主要按照"文化认知、本体教学、思维培养"三个维度划分教学内容。根据这三个维度的教学内容展开相关的、具有思政教育价值的历史知识点、文化知识点、专业知识点等方面的挖掘。

首先，在"文化认知"层面，根据教学计划内容，设定安徽花鼓灯历史渊源、地域人文精神、审美表意特征、风格特点、艺术形式、角色道具等知识模块的介绍、解读。挖掘与之相对应的思政元素，带领学生分析动态背后的人文精神内涵与先进思想。以安徽地区革命历史故事、民族精神为抓手，帮助学生树立正确的历史观、文化观、民族观，培育民族文化自信，了解中国哲学思想与美学精神，培养思想认同、情感认同，加强中华优秀传统文化认知高度，建立"文化传承者"的身份认同以及"为人民而舞"的使命担当。而后，培养学生养成理性的思考习惯，提高学术写作与思辨能力、资料查找与分类能力、自主学习与逻辑思维能力，以达到提升学生整体素质的最终目的（如图举例所示）。

"文化认知"层面图

其次，在"本体教学"层面，由浅入深、循序渐进地塑造学生肢体的灵活性、适应性、包容性以及专业舞者的肢体控制力，根据"基础训练"（基本体态、动律、步伐、扇花等）与"艺人短句"（冯国佩、陈敬之、郑九如等）两大教学内容，找到"身体训练"与思想政治教育教学相结合的关键点，以"润物无声、盐溶于水"的方式，培养学生吃苦耐劳、自强不息、不轻言放弃的精神毅力，提升学生的文化观、艺术观、价值观，将"育人"贯穿在教师的讲授、示范、纠正、启发、作业布置等教学环节之中（如图举例所示）。

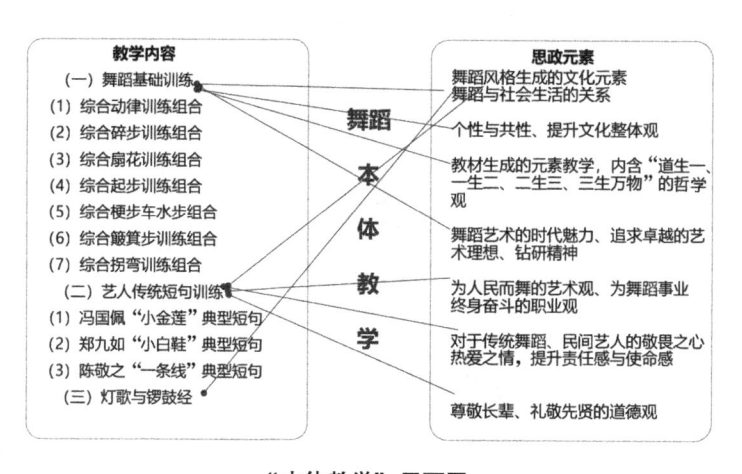

"本体教学"层面图

再次，在"思维培养"层面，注重学生的个性化、多样化成长。通过安徽花鼓灯灯歌演唱体验、锣鼓点打击乐实践、踩寸子体验、互动讨论、小组交流、资料整合与汇报、文字写作、自主编排等教学环节、教学方式，培养学生建立问题意识，帮助学生找到学习的有效方法，能够增强其团队协作意识，善于观察社会。独立思考，以及不断发展批判性思维、发散性思维、独创性思维。尤其，在后疫情时代，需在课堂中格外注重关爱学生的身心健康，因材施教，培养学生建立承担责任、人格平等、勇于付出的道德精神（如图举例所示）。

教学方式
- 问题导向，教师提问
- 平等交流，对话分享
- 小组讨论，智慧共享
- 资料搜集，拓宽眼界
- 文字撰写，逻辑梳理

思维培养

思政元素
- 关爱学生身体及心理健康
- 因材施教，重视学生个体成长
- 帮助学生进行自我客观判断
- 解决学生方法论的学习
- 培养学生的团结协作精神
- 培养观察思考能力，树立社会观

"思维培养"层面图

最后，通过上述"文化认知""本体教学""思维培养"三个教学维度课程思政教学资源的深入挖掘，达到"思想提升"的主要育人目标。

"思想提升"层面图

2. 教学方法：多元应用，以"浸润启发式"育舞、育德、育才

教学方法是教授方法与学习方法的统一，教学方法使用的目的不在于教师的"输出"，而在于学生的"获得"，从而真正做到将学生视作课堂的主体，教师起到辅助作用，促使教学相长。完整丰富的教学内容需要运用多样的教学方法才能让学生真正地学有所获，也能让思政教育内容在融入专业教学过程中变得生动有趣。传统的舞蹈教学方法是"口传"与"身授"，而面对当下全新的教学环境与教学要求，本研究在教学实践中，教师除了运用讲授法、演示法、示范法，还要灵活运用情景启发法、翻转课堂教学法、小组讨论法、对比教学法、混合式教学法等。多种方法的有机整合、显隐结合、灵活运用是育舞、育德、育才的关键。这样可以确保在不削弱中国民族民间舞专业教学专业性、规律性、科学性、系统性的同时，润物无声的调动学生主动、积极地参与文化学习与思想政治学习。

3. 教学空间：整合"线上+线下"与"第一课堂+第二课堂"空间资源

教学空间，一方面指教学环境，另一方面指教学资源。故在本研究的教学实践中，在专业教学与思想政治资源的结合过程中，注重教学空间的选择、设置、使用。力求做到拓展育人空间，丰富育人资源，使"线上+线下"与"第一课堂+第二课堂"空间形成教育合力。如在2022年春季学期，受到新冠疫情的影响，采用了线上教学的形式，教师将疫情影响转化为教学契机，利用线上技术的优势，在动静结合中开展四个维度的教学。这也促使教师不断思考，研究如何运用科学技术、网络或跨学科视角进行育人空间的拓展；思考、研究如何达成多校、多民族、多地区、多文化的

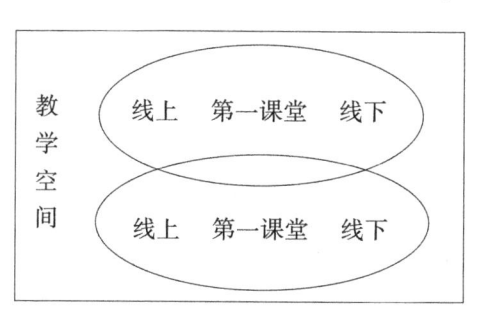

"教学空间"层面图

交流互动，整合校内外、国内外的优质资源进行育人。从而培养学生的艺术思维、艺术视野，促进德智体美劳等多方能力的全面发展，达到教学育人效果的最大化。

4. 教学检验：纵横比较、注重过程，遵循全面立体化考核原则

教学检验并非只在期末的测试环节之中，相反，教学检验存在教学过程中。在本研究中，教师主动跳出应试教育思维局限之中，在"文化认知""本体教学""思维培养""思想提升"的不同教学维度中均创新了教学检验的方式（如下表所示）。

教学维度	检验方式	检验成果
文化认知	1. 课堂随机提问 2. 文字撰写	课后文字作业，60 份
舞蹈本体	1. 课堂实施表现 2. 生生观摩与交流 3. 视频录制	课后回课视频，300 条
思维培养	1. 语言表达（逻辑性） 2. 肢体表现（可塑性） 3. 个案作业	课堂影像实录，32 份
思想提升	1. 小组沟通与交流 2. 思想深度、认识高度表现	课堂影像实录，32 份
原则： 1. 过程性评价与形成性评价相结合，多维度立体评价； 2. 换位思考，始终将学生的思想动态变化放在首位； 3. 监控育人效果、收集教学反馈、有机调适教学行为。		

附：部分学生学习感受

课后感：大禹精神不但体现了公而忘私的奉献精神，还展示出我们中华民族自强不息的精神。老师课上也说道，我们也应该在学习的过程中，通过这些历史名人和民族精神的学习，不管是在哪个层面，应该多反观自己，见贤思齐，才能得以进步和提升。所以了解到这些，真的使我对花鼓灯有很大程度上的心理变化，我会站在更艺术的角度上欣赏和理解花鼓灯的发展与传承，形成如今的花鼓灯艺术是多么的不易。在这种文化的影响下，我亲身去跳起花鼓灯时，一定要打心底散发出光和热。

课后感：安徽地区的历史人物和人文精神都对安徽花鼓灯产生了影响，了解这些文化最终要落实到舞蹈的学习中去，同时也是提高自己思想意识的重要一课，学一门要爱一门，对舞蹈事业的热爱要用在不断探究其文化底蕴上，提升自己的舞蹈技艺上。中华文化博大精深，艺术来源于生活，将文化与舞蹈两者结合起来思考，缺一不可，这也是我们作为大学生需要借鉴的学习方式。

课后感：我的心中百感交集，不论是对于北舞建校元老的执着追求，还是老一辈民间艺术家们为安徽花鼓灯艺术做出的极大奉献与开拓创新的精神，都值得令我敬畏、敬佩。老艺人对安徽花鼓灯的热爱不能用言语去表达，这已然成为他们生命中不可缺失的那一部分。北京舞蹈学院前辈们的艺术理想与创造，奠定了这门舞蹈艺术的精彩与独特。当时当下，我唯一能做的就是将这份"爱"一直传递下去，不停的探索与思考，向人民学习，人民艺术家留下的艺术结晶，那是宝贵而不可被遗忘的。

学生反馈

课后感1：这节课学习后我陷入了沉思，原来我真的还不太会思考，没有打破砂锅问到底的思维习惯，还停留在表面，对于一个文化、一个舞种应该抱有好奇心，学会不断提出为什么，要去深挖其中的内涵以及源远流长的历史，一个文化是怎样形成的？一个非物质文化遗产的背后经过了历史长河怎样的洗礼？一方水土养一方人，那安徽这个地方到底有怎样的魅力和传统使得安徽花鼓灯艺术如此耐人寻味？无数个问题向我涌来，像黄老师说的，学习不是简单的两张皮，要将文化和舞蹈真正关联起来可不是件容易的事。

课后感2：作为安徽花鼓灯表演基础训练课，这次的课堂算是一反常态的。疫情期间线上课，黄老师在我们的表演实践课中融入了许多互动交流，不仅关联安徽地区的文化历史背景、花鼓灯舞蹈的渊源等，同时也教给我们很多做人做事的方法，这些不只适用在此课程中，还可在今后的各种课程中举一反三。

课后感3：此节课让我收益最大、记忆深刻的是由黄老师的一个问题引申出来的学习方法。在讲到安徽花鼓灯被列为我国非物质文化遗产时黄老师提出了一个值得深思的问题："非物质文化遗产与物质文化遗产区别是什么"并问我们曾疑惑、考虑过此问题吗？这样的追问使我自觉反思学习习惯。

5. **教师能力：补足短板、教研结合、终身学习，提高师德行为与形象**

教师是教学活动的组织者、实施者、引领者，教师的素质与能力直接关乎教学的质量与效果。在当下信息化的时代，部分年龄偏大的教师被迫对着电脑、运用网络线上授课，这让不擅长使用网络技术手段辅助教学的他们在全新的教学能力要求上还略显欠缺。因此，补足自身能力短板，教研结合，以终身学习理念指导教师能力的提升，逐渐凸显出其重要性。在进行课程思政资源挖掘时，要善于运用网络的优势，在官方非物质文化遗产网站、知网、网上读书室等查阅资料，运用office办公软件整合资源，而后运用"腾讯会议"进行授课，运用"剪映"剪辑课件与视频，运用"雨课堂""邮箱"等上传教学课件，运用"微信群"功能进行作业上传、课后答疑解惑，运用"问卷星"调研学生学习反馈，运用"百度网盘""社会资讯网站""微信"拓宽学生学习视野，分享学习资源，运用"微信视频号""抖音"共享、宣传教学成果。如此，将专业教育、思政资源挖掘与网络技术有机结合，高效应用，既可以提升教学效率，又可以促使教师提升综合素养，架构多元知识结构，树立教师的模范标杆意识，满足专业教学与"课程思政"理念融入专业教学的实际需要。

二、课程思政育人效果分析

效果研究贯穿在育人做法研究的过程始终。在教学实践过程中，定期举行师生交流会，进行收获分析与阶段性总结。以"课程思政"理念指导实践，以实践成果进行理论总结，持续性地梳理出可行、具体、有效的育人做法。而后进行再实践、再总结，形成良性教研循环体系。最终综合运用问卷调查、访谈调查、实地观察、文献调查等方法，对实践效果进行分析、评估。以下展示网络问卷调查的教学效果分析与结果。

1. 教学内容层面

3. 在你学习的《中国民族民间舞基础训练（安徽花鼓灯）》课程中，学习内容包括传统文化、历史知识、价值观念等内容吗？ [单选题]

选项	小计	比例
是	15	100%
否	0	0%
本题有效填写人次	15	

4. 你认为课程中包括的思想教育内容是否帮助你明确了学习的目标与意义？ [单选题]

选项	小计	比例
是	15	100%
否	0	0%
本题有效填写人次	15	

从问卷的第3题、第4题中可知，100%的学生认为"中国民族民间舞基础训练（安徽花鼓灯）"课程的学习内容包括传统文化、历史知识、价值观念等方面。并且课程中的思想教育内容可以有效帮助学生明确学习目标与学习意义，树立正确的学习观、专业观。

因此，当下的中国民族民间舞蹈专业教学，要帮助学生积极调动其主观能动性，学会一种学习方法，注重学习结果的同时注重学习过程，使学生在学习知识技能的同时树立专业目标与人生理想。并以"盐溶于水"的方式将思想教育内容融入舞蹈专业内容中，不断丰满教学的维度，以更为立体、全面的角度满足舞蹈表演人才培养的社会需求。

7. 你认为在课程学习中，教师将思想教育元素与安徽花鼓灯舞蹈专业教学内容结合的程度？[单选题]

选项	小计	比例
紧密	10	66.67%
比较紧密	5	33.33%
不紧密	0	0%
本题有效填写人次	15	

8. 你认为除了在安徽花鼓灯舞蹈风格、舞蹈动作层面的学习，还有哪些方面得到了认识与提高？[多选题]

选项	小计	比例
增强了专业认同，对中国民族民间舞蹈的学习更加感兴趣了	15	100%
增强了对安徽花鼓灯历史文化的了解与认识	14	93.33%
增强了对劳动人民生活的了解与认识	13	86.67%
增强了对于文化保护、文化传承、文化创新的意识	14	93.33%
树立了正确的价值观念	9	60%
提升了自身的综合素质	9	60%
提升了民族自豪感与文化自信心，更加热爱中华传统文化	11	73.33%
其他	0	0%
本题有效填写人次	15	

从问卷的第7题、第8题中可知，66.67%的学生认为"中国民族民间舞基础训练（安徽花鼓灯）"课程，思想教育元素与安徽花鼓灯舞蹈专业教学内容结合紧密，33.33%的学生认为比较紧密，没有学生认为思想教育元素与安徽花鼓灯舞蹈专业教学内容结合的不紧密。可见，教学内容是令全部学生较为满意的。与此同时，100%的学生认为，除了在安徽花鼓灯舞蹈风格、舞蹈动作层面的学习，还增强了专业认同，对中国民族民间舞蹈的学习更加感兴趣，93.33%的学生认为，增强了对安徽花鼓灯历史文化的了解与认识，对于文化保护、文化传承、文化创新的意识。

因此，当下的中国民族民间舞专业教学与思想政治内容要紧密结合，不能使思想教育、专业教育成为"两张皮"。并且，专业教学除了注重风格、舞蹈动作层面的学习，还要注重对学生的"全人培养"，促进学生的身心健康发展，树立正确的价值观，提高对传统文化的文化自觉和对本专业的学习兴趣。

9. 你认为本课程教授的安徽花鼓灯基础动作元素、不同风格流派的艺人短句、线上辅助学习课件等内容，对于你未来的学习与就业应用是否有所帮助？[单选题]

选项	小计	比例
非常有帮助	13	86.67%
比较有帮助	2	13.33%
有一点帮助	0	0%
无帮助	0	0%
本题有效填写人次	15	

从问卷的第 9 题中可知，86.67% 的学生认为，"中国民族民间舞基础训练（安徽花鼓灯）"课程，教师所教授的安徽花鼓灯基础动作元素、不同风格流派的艺人短句、线上辅助学习课件等内容，对于未来的学习与就业应用非常有帮助，13.33% 的学生认为比较有帮助，没有学生认为该课程对自己的未来学习与就业应用没有帮助。

因此，当下的中国民族民间舞蹈专业教学，要注重学校的学习与实际工作相结合，与社会生活相结合，提高学习内容的利用率，将知识变为能力，不止停留在学校的学习，也能对学生未来的实际应用起到帮助作用。

10. 你认为在课程学习中，教师所讲授的"文化、本体、思维、思想"四个教学维度的内容，较为丰富且与时俱进吗？[单选题]

选项	小计	比例
非常符合	10	66.67%
比较符合	4	26.67%
符合	1	6.67%
不符合	0	0%
本题有效填写人次	15	

从问卷的第 10 题中可知，66.67% 的学生非常认同"中国民族民间舞基础训练（安徽花鼓灯）"课程，教师所讲授的"文化、本体、思维、思想"四个教学维度的内容，较为丰富且与时俱进，26.67% 的学生认为比较符合，6.67% 的学生认为符合。

因此，当下的中国民族民间舞专业教学，要注重丰富和拓宽多维度的教学内容，并且在教学过程中，不能是没有活力的"一潭死水"，要随着时代的变化、国家的要求、社会的需求出发，不断进行人才培养内容的更新，符合时代要求、与时俱进。

2. 教学方法层面

5. 你认为教师在授课过程中融入思想教育元素的方式如何？[单选题]

选项	小计	比例
没感觉到刻意融入	0	0%
有融入，很自然	12	80%
有融入，比较自然	3	20%
有融入，不自然	0	0%
本题有效填写人次	15	

6. 教师将思想教育元素融入课堂的教学方式，你更喜欢哪种？[单选题]

选项	小计	比例
案例式教学	4	26.67%
讨论式教学	5	33.33%
情景模拟式教学	2	13.33%
以身作则，潜移默化	4	26.67%
都不喜欢，感觉没有效果	0	0%
本题有效填写人次	15	

从问卷的第5题、第6题中可知，80%的学生认为"中国民族民间舞基础训练（安徽花鼓灯）"课程，教师在授课过程中融入思想教育元素的方式很自然，20%的学生认为比较自然，没有学生认为不自然。在思想教育元素融入课堂的教学方式中，33.33%的学生倾向于讨论式教学，26.67%的学生倾向于案例式教学与以身作则，潜移默化教学，还有13.33%的学生倾向于情景模拟式教学。可见学生最喜欢讨论式的教学，可以让师生与生生之间产生有益的交流，促进思想思维的碰撞。

因此，当下的中国民族民间舞专业教学，在融入思想政治元素时要注重与课程的有机结合，刻板的道德说教，可以使学生短期内转变一些思想认识，但既到不了学生血肉中，更进入不了灵魂，应注重与教学内容紧密结合，潜移默化中教育学生。教育方式是影响教育成效的一个重要方面，要以学生乐见的方式，比如情景式、互动式教育；用学生易于接受的语言，比如体现时代性的话语；营造学生易于接受的氛围，比如平等对话、互动参与等，使学生能够在喜闻乐见、易于接收的情景和方式中潜移默化地受到教育。

3. 教学空间层面

11、你认为在课程学习中，教师进行思想教育在课堂整体的时间分配上应该如何？[单选题]

选项	小计	比例
很适合	12	80%
比较适合	3	20%
占用过多课堂时间，不适合	0	0%
本题有效填写人次	15	

12. 你认为该课程教师是否能够充分利用网络教学等新形式，帮助你更加直观、生动的理解"文化、本体、思维、思想"方面的学习内容？ [单选题]

选项	小计	比例
非常符合	12	80%
比较符合	3	20%
符合	0	0%
不符合	0	0%
本题有效填写人次	15	

从问卷调查第 11 题、第 12 题中可知，80% 的学生认为"中国民族民间舞基础训练（安徽花鼓灯）"课程，教师进行的思想教育时间在课堂整体的时间分配很合适，20% 的学生认为比较合适。80% 的学生认为教师能够充分利用网络教学等新形式，帮助学生更加直观、生动的理解"文化、本体、思维、思想"方面的学习内容，表示非常肯定，20% 的学生认为比较符合。

因此，当下中国民族民间舞教学，要注重思想教育时间的比重以及方式，合理利用"线上+线下""第一课堂+第二课堂"的教学空间，不能刻意将思想政治教育作为一个独立板块与课堂专业教学割裂开，应当以润物细无声的方式进行。与此同时，教师也应当注重教学形式的与时俱进，随着科学技术的发展，教师也应当引进和应用现代信息技术，实现教学内容的信息化、教学过程的策略化、教学手段的现代化和教学资源的网络化，借以更好的方式提升育人质量。

4. 教师能力层面

13. 你认为该课程教师是否能够鼓励你进行自主学习、提出问题，并给予有效的指导？ [单选题]

选项	小计	比例
非常符合	13	86.67%
比较符合	2	13.33%
符合	0	0%
不符合	0	0%
本题有效填写人次	15	

14. 你认为该课程教师是否能够贯彻立德树人的根本宗旨？ [单选题]

选项	小计	比例
非常符合	13	86.67%
比较符合	2	13.33%
符合	0	0%
不符合	0	0%
本题有效填写人次	15	

从问卷调查的第十三题、第十四题中可知，86.67%的学生非常认可在"中国民族民间舞基础训练（安徽花鼓灯）"课程中，教师鼓励学生进行自主学习、提出问题，并给予有效的指导，13.33%的学生比较认可。同时，86.67%的学生对教师贯彻立德树人的根本宗旨非常肯定，13.33%的学生比较肯定。

因此，当下中国民族民间舞教学，教师应注重自身能力素养的不断提升、发展，尤其在师德师风层面，以身作则、树立榜样，将其作为教学检验的第一标准。同时，教师作为课堂的主导，承担着引导学生学习的重要职责，在教学中，教师的整体精神面貌与文化素养对课堂教学的效率和学生能力的提升都有着重要的影响。提高教师的素质不但是教学的需要，而且还是强化学校教学实效的重要保证。

5. 教学评价与建议层面

15. 你对本课程教学效果的整体评价？ [单选题]

选项	小计	比例
非常满意	13	86.67%
满意	2	13.33%
基本满意	0	0%
一般	0	0%
不满意	0	0%
本题有效填写人次	15	

从问卷调查的第15题可知，86.67%的学生对"中国民族民间舞基础训练（安徽花鼓灯）"课程非常满意，13.33%的学生表示满意，没有学生不满意课程的内容和教师的教学。

从简答题【通过"中国民族民间舞基础训练（安徽花鼓灯）"的学习，你受到了哪些学习、生活、价值观等方面的启发？促进了你个人哪些方面的提升？】与【你对本课程还有哪些意见和建议？】中，学生做出了如下回答：

序号	提交答卷时间	来源	来源详情	答案文本
1	2022/11/5 17：51：19	微信	YY［未知］	各方面
2	2022/11/5 17：53：21	微信	鱼香炒肉丝［未知］	地域文化背景以及艺人短句
3	2022/11/5 17：55：41	微信	許.［未知］	通过学习这门课程，我了解了很多花鼓灯专属的特定的文化，知道了花鼓灯的进步也体现着人们思想的不断进步。还学到一些学习的方法，我开始学会自主地学习，不再是百度，开始会去找一些有依据的东西和知识，比如知网，论文库，在整合的过程中我觉得我也是在不断的学习和成长。
4	2022/11/5 17：57：05	微信	Xixi［未知］	通过安徽花鼓灯这门课程的学习和接触，将我融入了淮河两岸安徽地区人民的艺术生活中，感受到他们的艺术气息，他们淳朴热情深深吸引着我。同时借助现在的地方博物馆与老艺人的表演帮助我在课堂上更好地塑造人物角色，带动情感表达。也同时引起了我的思考，我该如何尽自己最大的努力去保护和传承这非物质文化遗产。
5	2022/11/5 17：57：32	微信	Kilig.［未知］	民族自豪感的提升以及对民间舞的热爱程度的提升，无形中使自身德智体美劳的全面发展
6	2022/11/5 17：58：33	微信	Chihiro［未知］	在学习方面学会了能够如何更深入地了解该民族的内涵由来以及民族风情也同时认识到文化方面对于舞蹈本身的重要性。促进了我在学习方面的多面性和对于舞蹈本身如何能够更好的学习或者了解有了更深层面的内心、身体表达。

续表

序号	提交答卷时间	来源	来源详情	答案文本
7	2022/11/5 18：00：04	微信	LHY［未知］	通过学习这门课程不论是在生活和学习上的思考方式、思考问题的深度都有了非常大的提升，还有就是让我们知道了民族的历史文化与舞蹈是息息相关的，只有在了解了它的文化之后，才能更好的把每个舞蹈的风格以及特点表达出来
8	2022/11/5 18：02：09	微信	橙真鱼［未知］	全方面得到了提升
9	2022/11/5 18：06：56	微信	merry［未知］	都很好
10	2022/11/5 18：35：25	微信	L彤ning［未知］	艺术来源于生活
11	2022/11/5 19：55：20	微信	.兔瑞克.［未知］	对非遗文化加深了认识，学会了合理利用自我时间，促进了个人舞蹈综合语言表达
12	2022/11/6 20：20：36	微信	不知道［未知］	都有提升
13	2022/11/6 20：24：14	微信	陈陈［未知］	促进我对文化知识背景的了解，增强文化自信
14	2022/11/6 20：48：15	微信	刘二潞邋［未知］	充分认识安徽花鼓灯艺术的价值，对于复兴我国花鼓灯艺术事业、传承中国优秀传统文化具有重要意义。
15	2022/11/6 21：06：35	微信	Nini［未知］	促进了我了解民族民间文化与生活和舞蹈之间的联系

序号	提交答卷时间	来源	来源详情	答案文本
1	2022/11/5 17：51：19	微信	YY［未知］	无很好很喜欢
2	2022/11/5 17：53：21	微信	鱼香炒肉丝［未知］	无
3	2022/11/5 17：55：41	微信	許.［未知］	可以开展一些线下讲座，让我们学一些上学期在网课学习中的问题得以解决，让我们能学到更多东西
4	2022/11/5 17：57：05	微信	Xixi［未知］	希望可以多借助网络平台与老艺人们进行网上沟通学习关于安徽花鼓灯的知识
5	2022/11/5 17：57：32	微信	Chihiro［未知］	非常喜欢
6	2022/11/5 17：58：33	微信	Kilig.［未知］	想继续和老师深入学习这门课程
7	2022/11/5 18：00：04	微信	LHY［未知］	非常满意

续表

序号	提交答卷时间	来源	来源详情	答案文本
8	2022/11/5 18:02:09	微信	橙真鱼［未知］	没有非常满意黄老师很尽职尽责
9	2022/11/5 18:06:56	微信	merry［未知］	gooa
10	2022/11/5 18:35:25	微信	L彤ning［未知］	无
11	2022/11/5 19:55:20	微信	.兔瑞克.［未知］	非常好
12	2022/11/6 20:20:36	微信	不知道［未知］	非常好
13	2022/11/6 20:24:14	微信	陈陈［未知］	挺好的
14	2022/11/6 20:48:15	微信	刘二潞［未知］	无
15	2022/11/6 21:06:35	微信	Nini［未知］	无

学生在通过"中国民族民间舞基础训练（安徽花鼓灯）"的学习之后，谈到了自身的相关收获。包括在学习方面，了解到了许多安徽花鼓灯的代表性、唯一性的文化形式，更深入地了解该汉族在安徽地区的生活、文化历史由来、舞蹈内涵与民族人文风情。同时，也认识到艺术来源于生活，艺术是与历史文化息息相关的，只有在了解了艺术内在的文化后，才能更好地把握每个民族、地域舞蹈的风格以及表演特点。在价值观方面，学生们认为增强了自身对于我国文化、制度、理论、道路的自信心，产生了民族自豪感以及对中国民族民间舞的热爱，促进了传承中华优秀传统文化和非物质文化遗产的信念，也更加坚定了活态文化保护与传承的责任。最后，学生在意见建议中，也期望在疫情结束后能够与老师继续深入地学习，并且提出开设一些线下讲座，通过线上与民间艺人老师交流等学习形式，从而更好地丰富安徽花鼓灯学习与自身知识体系。

三、结　语

"把思想政治工作贯穿教育教学全过程，开创我国高等教育发展新局面"，正如习近平总书记强调与嘱托的那样，身处中国民族民间舞高等教育的每一位舞蹈教师都在为全面育人目标而不断努力。通过实践研究，笔者认为，第一，积极投入。加强深度备课环节于课前。在深度备课与自我感悟中，促使教师实现自我升华，全身心投入教学，助力教师与课程双重提升与共同成长。第二，保有信心。贯彻课程思政显隐结合的教育理念于始终，明确舞蹈教学内容自身可供挖掘和传承的重要价值与意义。融合思政元素于舞蹈教学各环节全过程，如"盐溶于水"，实现贯通式浸润。第三，潜心钻研。提升爱国主义情怀内置于心，强调教师个人态度与认知程度，努力学习国家教育方针新型教育理念，提升教学内核。凝练舞蹈专业课程思想及文化价值，提升学生爱国主义情怀与正确的思想导向。第四，自我反思。从自觉接受转化为主动思考，再到自我反思、换位思考，不断提升的教学境界。积极开展课程的深化建设，将课程思政的探索作为专业教学深度备课的重要路径。而后重新审视惯有从教学目标，将"技"与"道"有机结合，重视专业中"艺德"与"品德"的共建。不断掌握新的教学技能，熟练运用多种教学软件，跟上时代要求。坚定以学生为中心，以学定教，因材施教，扶持学生成长，完成"立德树人"的大任。第五，充分自信。相信我们的专业传统足够深厚，保有敬畏与谦逊之心。相信我们的教育情怀足够深远，力争成为新时代的"四有好老师"。将课程思想政治研究的实践成果转化为有效的经验，应用于今后的课堂教学、全面育人之中。

高校舞蹈专业课程思政的实践探究

——以北京舞蹈学院中国民族民间舞系本科课程实践为例

李 佳[*]

中国民族民间舞系舞蹈基本功训练教研室主任、北京舞蹈学院教授

【内容摘要】 本文以北京舞蹈学院中国民族民间舞表演专业本科课程——舞蹈基本功训练为例，立足课程思政的实践与研究，从课程的本体内涵所凝练的先进思想，课程思政融入教学内容的纵横关系，再到行课方法的分析总结。探讨课程思政如何能够以更加适合的方式融入高校舞蹈专业课程，更好地发挥立德树人的作用，同时也在实践过程中更加深入领会到课程思政融入教学的价值与意义。

【关键词】 课程思政；舞蹈基本功训练课；同向并行

"课程思政"是指通过运作整个课程，在全员参与下，对学生予以全方位、全过程的思想政治教育的活动与过程，它既是一种思想政治教育理念，又是一种教育方法。[①] 一个缺乏思政教育功能的课程，相当于失去"灵魂"，迷失"方向"。习近平总书记在全国高校思想政治工作会议上强

---

[*] 李佳（1972—），女，硕士、北京舞蹈学院教授，主要研究领域：中国民族民间舞蹈教学研究。

[①] 2016年习近平总书记在全国高校思想政治教育工作会议上首次提出"课程思政"教育理念为高校专业课程教学改革指明方向。参见：何玉海. 关于"课程思政"的本质内涵与实现路径的探索［J］. 思想理论教育导刊，2019（10）：130-134.

调,"要用好课堂教学这个主渠道,思想政治理论课要坚持在改进中加强,提升思想政治教育亲和力和针对性,满足学生成长发展需求和期待,其他各门课都要守好一段渠、种好责任田,使各类课程与思想政治理论课同向同行,形成协同效应"①。课程思政不是新开一门课程或是开展一项活动,而是需要确立一个课程观的问题。思想政治理论课作为高校思想政治工作和价值引领传播的主渠道是显性课程,其他课程作为隐性课程应该"守好一段渠、种好责任田",发挥"润物细无声"的渗透作用。2020年《纲要》指出:"落实立德树人根本任务,必须将价值塑造、知识传授和能力培养三者融为一体、不可割裂。""科学设计课程思政教学体系……坚决防止'贴标签''两张皮'。"②从思政课程到课程思政,专业课程不应只具备传授知识和能力培养的功能,价值引领也不只是思政课程的任务,我们需要突破误区,打破专业壁垒,各门课程需要"同向同行"形成合力,转而形成"课程承载思政"与"思政寓于课程"的思想政治工作的新理念。这就给所有的课程执行者——教师提出了一个全新的课题。在课程思政建设方面,我们在实践中探索研究,总结经验和方法,需要创造性地走出具有本专业特色坚实的"第一步"。

一、立足本体内涵、凝练先进思想

课程思政建设的基础在"课程"。大多数人认为艺术是抽象的、感性的。而舞蹈作为视听艺术尤其不可言说,只可意会。而我们对以往思想教育传递的看待是理性的,逻辑缜密的,严谨的,甚至还停留在照本宣科的教育方式上。如何将思政内涵融入舞蹈课程,在不打破课堂训练节奏,且又让学生毫无违和地接纳,带着问题重新审视、剖析课程和教材的过程中,我们清晰地看到无论是民族民间舞基础训练课亦是舞蹈基本功训练

---

① 参见:中华人民共和国教育部官网《全面推动高校课程思政建设提质提速》(2020年6月6日)http://www.moe.gov.cn/jyb_xwfb/s5148/202006/t20200608_463705.html.

② 参见:中华人民共和国教育部官网《教育部关于印发〈高等学校课程思政建设指导纲要〉的通知》(2020年6月1日)http://www.moe.gov.cn/srcsite/A08/s7056/202006/t20200603_462437.html.

课，课程的本体都是建立在传承中华民族传统文化内涵的基础上，课程本体内涵自身所存蓄的文化价值和精神价值的层次鲜明、丰富且厚重。结合传统文化内涵导入思政内涵的方式，利用舞蹈课程"以情带动"的共情功能，将课程的理性思考转化为感性悟道，教学实践验证学生接纳的效果明显更佳。

课程思政融入教学的做法主要可以归纳为：教学重点与课程思政主题"同向并行"。以北京舞蹈学院中国民族民间舞表演专业本科舞蹈基本功训练课程实践为例：课程为四个学期的延续课程，教材是在中国古典舞基本功教学规律的架构下，根据中国民族民间舞学生基本功训练的特点，探索形成的中国民族民间舞基本功训练的教材与教法。众所周知，中国古典舞与中国民族民间舞在文化传统及其审美特征方面是同源的，并且在技巧和表现等方面也有着一脉相承的共性特点。因此在教材的选择上，是提取中国古典舞与中国民间舞具有共同运动轨迹和发力方式的动作动态作为依据，以培养技术技能为主要功能，强化身体韵律和动作技能的有机结合，在探索二者共性的基础上，寻找中国民族民间舞身体技能训练的特性。舞蹈基本功训练课程根据四个学期的教学重点，立足课程的本体文化内涵与课程思政内涵，"同向并行"是课程与思政融合的重要举措。

二、纵向关联主题，横向拓展内涵

（一）以点连线形成主体关联

舞蹈基本功训练作为延续课程就应该发挥其"延续"的优势，主题确立既要紧扣教学和训练重点，又要逻辑合理、互为作用，避免断档和割裂，生搬硬套。根据教学大纲的安排，学年和学期的教学任务、教学重点和教学目标早已确立，且层层递进。据此，首先需要将各学期的教学重点归纳、提炼为具体的主题"点"，各个点的确立又需要纵向关联，形成以点连线的关系。

具体分析如下：

第一学期——导入阶段，建立基本体态、形态的概念和规范意识，通过人体最富本质的运动形式，表现深层的心理内涵，体现中国人的气质和精神面貌。提炼主题为"立身中正"。

第二学期——强化阶段，强化身体素质能力，从幅度、力度、速度、耐力和心理突破极限，为高阶课程积蓄能量。提炼主题为磨练身心"不积跬步，无以至千里"。

第三学期——复合阶段，在艺术境界上，实施风格性与情感性相结合的功能性训练，掌握组合结构和动作连接的起、承、转、合成为肢体技术与艺术表达结合并升华的关键环节。提炼主题为"起承转合"。

第四学期——综合阶段，运用中国舞蹈"起承转合"带来的拧、倾、圆、曲的动态动势形成走"圆"的运动规则，时、空、力的矛盾对立、阴阳调和，且最终都首尾相继、互济不足，构成高度协调、稳定和谐统一的整体。提炼主题为"圆融通达"。

教学重点与思政内涵主题融合"同向并行"纵向关联归纳为：

第一学期—导入—立身中正，悟人之精神

第二学期—强化—磨练身心，悟舞之内核

第三学期—复合—起承转合，悟圆之规则

第四学期—综合—圆融通达，悟艺之境界

(二) 以线带面拓展思政内涵

纵线框架确立，需要合理的内容来充实。内容的选择是需要符合"中国系列"课程注重"上大课，讲大势，传大道"的根本原则。紧密结合课程训练重点导入是前提，立足主题在传统文化内涵方面的提炼是基础，贴合舞蹈专业从物质层面到精神层面的引申是途径，从小见大由个体事例拓展到国家大势是措施。

以第一学期导入阶段为例："立身中正"作为中国舞蹈的基本形态，也是人体站立和重心稳定的核心概念与要件。《易经》、儒家思想和太极等中国传统文化中对于"立身中正"含义的诸多解读是极其丰富的，行课中通过对太极式的动作体验和动作要领的提示，结合传统文化内涵的解读，以渗透并行的导入方式，使"立身中正"的概念、功用和价值被认知和强化。在充分理解"立身中正"传统文化内涵之后，结合训练进而引申其物质层面和精神层面的感受与思考，将"立身中正"在舞蹈中的表达凝结为中国人的精、气、神与中华民族精神气质的体现，最终带入雷锋精神、延安精神、奥运精神和载人航天精神等中国精神系列故事，以"讲好中国故事"的方式将中华民族精神具象化。

这种抽丝剥茧、横向铺陈的方式，将立身中正从概念、意识落实到认知和肢体的表达，从文化内涵拓展到精神内涵，升华了其存在的价值和辐射广度。从逻辑关系上分析是合理的，从教学实践的结果呈现学生是接受的。纵观全局，形成了以线带面的关系。

三、多维的行课之"法"，筑牢思政阵地

马克思说："思想根本不能实现什么东西，为了实现思想，就要有使用实践力量的人。"完善的教学步骤需要恰当的措施来实行，而恰当的措施需要能够熟练、适当地把控"度"的实践者来实施。课程思政的关键在教师的行课之"法"。在探索课程思政融入教学的过程中，笔者深刻感受到好的行课过程不应排除学生的因素，尤其是舞蹈课程的共情特质，需要师生共同营造，二者缺一不可。

（一）讲、问、答的课堂互动

舞蹈教学在实践操作方面，多为口传身授的方式，舞蹈基本功训练是功能性的技术类训练课程，重点在"练、功"，而我们通常会把关注点放在练"身体"上，却忽视练"思维"的重要性。为了更好地活跃思维和激发兴趣，教师可以在示范、讲解、纠正的教学过程中，抓住时机抛出问题，并以快速接龙的方式进行推导问答，学生亦可反问教师，目前是检验学生反馈效果和提升思维能力的有效方法。

（二）线上共享、命题作业

学期通常为18周，将其划分为若干阶段，随着训练的推进，课前、课

后在线上有针对性地共享与课程主题相关的文献、资料，教师每两周布置一次思考题，问题的设定是围绕训练重点相关联的文化内涵的理解、认知和体悟，在一个命题之下要求具体阐述 2 至 3 个观点。资料分段共享结合命题作业是逐级强化认知的有效方法。

（三）利用课件、缕清思路

在课程思政的建设方面，教研室已经修订和完善了本科专业课程教学大纲，舞蹈基本功训练课程思政课件能够应用于我们日常的教学，通过播放课件、教师讲解、文字叙述、图片视频的全方位立体呈现，学生将之前阶段性、碎片化的信息进行整合，是对于学期教学重点与思政内涵主旨整体化信息梳理和理解的有效方法。

（四）分组命题，项目协作

将班级学生划分为四个小组，将文化与思政内涵学习的主题拓展为四个方面的子命题。以第三学期"起承转合"主题拓展为例，分别从"中国民族民间舞学科发展的起承转合"、"中国舞蹈运行规律的起承转合"、"舞蹈家舞蹈生涯的起承转合"以及"伟大建党精神的起承转合"四个方面对"起承转合"的文化与思政内涵进行挖掘、总结与阐释。分组命题让学生思维发散，项目协作是加强团队配合和动手能力的有效方法。

（五）线上演讲、分享学习成果

小组成员从策划分工、筛选资料、文稿撰写、图片和视频的插入直至编辑、排版形成演示文稿，期间任课教师作为指导和辅助给出适当地调整建议，最终于期末前两周完成思政主题学习分享，各组逐一演讲，教师现场点评、反馈建议。演讲与分享是强化口头表达能力和现场反应、建立沟通交流的有效方法。

（六）同频共振，感性悟道

发挥舞蹈课程"以情带动"的优势，选择红歌题材的乐曲作为训练伴奏，调动情绪、烘托氛围，辅以对音乐背景的拓展式问答，并引发联想进一步对表达的情绪、情境加以启发和设定，在不断重复地乐与舞的交融中，加强中国式情感表现的层次，从中明确中国舞蹈的气质与情感表达的特征，由内而外地通过中国舞蹈文化浸润的肢体与情感投射出对于中国舞蹈精神和中华民族精神的逐渐悟道。催生情绪，感性悟道是推进舞蹈专业课程思政的有效方法。

（七）细化评价标准，体现学习价值

学生的学习过程最终还是要体现在质量评价方面。课程的评价为百分制，传统的打分方式是将平时分和期末考试的分数的总和或是平均值结合得出最终分数。模糊概念式的打分已经无法满足当今课程内涵和目标的需求。细化质量评价标准，增设思政学习评价项，能够更加直接、有效地激励学生学习的积极性，强化对思政学习内容的重视程度。以线下、线上混合教学为例：

1. 线下阶段性检测：40 分（课堂阶段测试 4 次）
2. 课下作业：30 分（笔记、线上打卡、小组思政命题拓展）
3. 线上思政主题学习分享：20 分
4. 期末考试展示：10 分
5. 考勤（加分项）：2 分（全勤奖励）

以上是课程具体评价项的分数权重，课下作业中小组思政命题拓展与线上思政主题学习分享两项共计占比总分的 40%，学生在教学每一环节的参与、精进和取得的成果都得到实际体现和认定，细化评价标准是明确、清晰地确立学习目标，促进与提升学习质量的有效方法。

行课的方法上注重开拓创新，在形散神聚中增强教育教学的吸引力和感染力。融合课堂主讲、现场回答、网上互动、课堂反馈等多种教学方式，融合社会主义核心价值观的精髓要义于课堂实践中，在层层递进地教与学方法的推进过程中，于教学行为的各个环节渗透思想教育，潜移默化推动和激励着同学们在学习的过程中不敢松懈、不断进步向前，实现立德树人的育人目标。

结　语

北京舞蹈学院著名的舞蹈教育家唐满城先生曾经说："基本功是一曰基本二曰功。"那么这个基本指的是什么呢？我认为这个基本不仅仅指的是物质层面上身体的条件和能力，更指向精神层面的是为人的基本品质和品格。老一辈舞蹈家经常说习舞和做人是一样的，"台上一分钟，台下十年功"，舞蹈作为绝对现场的视听艺术，来不得半点弄虚作假，因此扎实的基本功是经过长年累月不间断地磨练与锻造才能见真功，没有坚定的职业理想信念和过硬地意志品质的这份"真"和定力是无法呈现舞台上那样极致的美。学生在身体力行中印证着中国舞蹈的肢体语言浓缩着中国优秀传统文化的精髓，通过课堂实践成为践行用中国化的肢体以意向的表达方式将中华民族的传统文化和精神内涵活化于台前幕后的亲历者、实践者，通过视、听、体觉如此鲜活立体伴有浓厚情感色彩的输入方式，是舞蹈所给予他们的特殊馈赠。从课程思政融入教学的实践，我们明显地感受到行课中不断输入和渗透与课程紧密相关的文化与思政内涵，有助于扩充学生对于中国舞蹈关注的视野和宏观理解。学生们看待问题的角度不再单一，思辨能力在逐步提升，尤其是对于学习中国舞蹈多了那么一份坚定与自信，而这种信念感一定是中华文化几千年的深厚积淀所给予他们底气与自信。对于课程思政在立德树人方面起到的积极作用我们深信不疑，课程实践让作为教师的我们看到文化与思政内涵融入课堂的价值和必要。这方面的探索研究我们仍在持续和深入，并秉持科学发展观不断地更新教育理念，将课程思政落到实处。

"以古育今，红色永传"，论课程思政在舞蹈教育中的运用探索

——以中国民族民间舞作品《东方红》为例

苏雪冰

中国民族民间舞教研室主任、北京舞蹈学院副教授

【内容摘要】 本文通过深入研究中国民族民间舞作品《东方红》的历史价值、真实情感、思政内涵三方面，揭示了如何将课程思政的理念融入舞蹈教育，如何引导学生领悟红色精神的深刻内涵，培养其爱国情怀和社会责任感。通过舞蹈教学引导学生深刻理解红色文化，从而进行思想上的引进，并强调了将课程思政透射到"红色经典作品"的概念中，深挖红色经典作品在现代化教育中所具有的重要意义。最终提出通过舞蹈教育这一媒介，传承古老的文化，将红色思想代代相传。实现将"以古育今、红色永传"的课程思政润物无声的运用于舞蹈教育中这一愿景。

【关键词】 课程思政；舞蹈教育；中国民族民间舞；《东方红》

习近平总书记在全国教育大会上指出："要努力构建德智体美劳全面培养的教育体系，形成更高水平的人才培养体系。要把立德树人融入思想道德教育、文化知识教育、社会实践教育各环节，贯穿基础教育、职业教育、高等教育各领域。"针对美育，习近平总书记特别指出："要全面加强和改进学校美育，坚持以美育人、以文化人，提高学生审美和人文素养。"

本人作为一名舞蹈教育工作者，在授课的过程中不断地反问与思考：舞蹈艺术应给予学生的独特教育价值与教学意义是什么？那么，如何有效地在美育的氛围中，在文化浸润的关怀下，对人才培养过程中不仅是在技能层面给予能力和方法的教学，更应该思考如何对人才的专业素养从思想上进行引领，使得被培养人的良好品德逐步建立，从而才能推动被培养人，以自身不懈的专业追求、专业技能的发挥对社会提供高品质、高追求的艺术贡献。

在舞蹈美育中落实立德树人这一根本任务，应引领学生树立正确的审美观念、陶冶高尚的道德情操、塑造美好心灵，切实改变高校美育的薄弱现状，遵循美育特点，弘扬中华美育精神，以美育人、以美化人、以美培元，关注学生"爱国、爱校、爱舞蹈"的舞院精神，培养德智体美劳全面发展的社会主义建设者和接班人。同时，作为教师理应崇尚科学精神，树立终身学习的理念，全力以赴为学生点燃理想与信仰的火炬，让美德伴随学生左右，厚植爱国主义情怀，为实现中华民族伟大复兴增添一股"美德"之力。

因此，对课程思政在舞蹈教育中的运用借助经典的、具有代表性的中国民族民间舞作品《东方红》进行探索性教学。作品中不仅讲述了中华民族的历史往事，更是对于中华民族红色精神的深刻写照，而这正是当代人才教育中的核心价值观之一。故文章将视野聚焦在中国民族民间舞作品《东方红》之上，探究其思政内容在舞蹈教育中所体现的重要作用，从而透射到"红色经典作品"的概念中，强调红色经典作品在现代化教育中所具有的重要意义。

一、以史望今，赓续民族精神

对于红色题材作品的创作和表达，在舞蹈艺术的表现和表演中从未停止。从我小时候听说过的《小刀会》，大家熟知的《红色娘子军》，再到我们亲身在剧场观看的《井冈·井冈》等，许多舞蹈艺术表现形式都在不同的时间段有所反映和呈现。而之所以"经典"，且具有社会的影响、并能纳入舞蹈专业教学的作品，这不仅是因为题材本身，而是因为舞蹈艺术作品中对于中华民族自强不息、团结奋进、可歌可泣的民族力量与民族精神进行深度与广度上的凝练。

中国民族民间舞作品《东方红》之所以能够传承至今，成为北京舞蹈学院的经典作品之一，其价值并不仅在于学生表演能力的训练，或是道具灵活的运用，对于红色题材舞蹈艺术作品的学习，也并不仅是简单的重复，或者是复排，而是在学习的过程中，感受艺术作品中所蕴含的坚韧不屈、精诚团结、勇往直前的民族精神，从而开启：生活在当下幸福的我们，血液中所应具有民族精神力量基因的启动按钮。本着对过往历史事件所怀有的敬畏之心，以当下怀揣着感激之情，以真诚之心感受作品的意义表达，以真挚之心接近作品的内涵表现，从而激活当下本我身体中所流淌的血液，那是具有温度、具有勇于担当的民族气概的"红色"基因。由此在这种真情实意中，不仅表达出舞蹈作品的精神内涵，更是将具有温度的红色基因的民族精神在现实生活中进行"再循环式"的传承。

二、以情动人，感悟生命真实

对于新时代舞蹈学生而言，在学习红色经典作品时存在两个难度。

第一个难度是久远年代下所产生的鸿沟以及无法亲身经历的历史事件。"硝烟弥漫、战火纷飞"即便有许多影视剧从多个角度，以绝对的视听效果、逼真的特效技术进行360度的呈现，但对于我们的认知，也已然成为那一个特定年代、特定环境下的形容，甚至是对环境描述渲染的词汇。同样，一说到"红色题材"中的人，马上很自觉地联想到"英雄"。那么，英雄形象是什么样的呢？"激昂式的抬头、挺胸"的体态又成为"英雄人物"的形象符号。这些因素的产生，说明学生在"想"和觉得"像"当中进行表演，在舞蹈表演中呈现出"在演"的弊端，即演给你看，从而表演中常出现"虚假"的痕迹。而我们需要看到表演中——"你"就是剧中人，所渗透的情感也是真实的。

第二个难度是间接性参照。当我们要进行相同题材的舞蹈表演时，通常借助历史文学、影视剧等艺术中类似的情境和画面来进行辅助了解，以此期待能够弥补现实中客观存在的第一个难度。但那些被我们间接参照的、停留在文字、呈现在镜头屏幕上的，对于我们而言始终都是无法脱离的"陌生"和现实存在的"距离感"，无论如何参考和体悟，或许更容易将我们代入模仿式的表演。而模仿最大的弊端：是你永远不如"他"，因为你本来就是"假"的。模仿的过程，会使舞者降低和减少本身自我的个性特点和表演光彩。同时，无论是文学、影视剧都非舞蹈表演，即便影视剧当中也有表演，但与舞蹈表演的本质又存在较大的差距和众多的不同之处，如何能够从影视剧的表演中进行借鉴，再转换、代入舞蹈表演本身就是一个难题。因此，被我们间接参照的"人"还是陌生人，而事件中所讲述的战争背景也同样保持了"遥远"。既然间接式的参照只能作为舞蹈表演中细小的一个参考借鉴因素，我们何不把目光直接转向作品本身和自己身上，以及自己周边的人和发生的事。而作为作品的排练者最为核心的掌握：使学生能够真正走进作品本身、体悟作品的表达，从而进一步贴近作品。这一切根源的保障：就是来自自我内心的安静和感受。

　　舞蹈作品《东方红》中的人物形象源于中华民族中的"众生相"。作品中凸显了：一对母子、三个兄弟、一对恋人，但他们都是普普通通的人。在生活中我们从不缺少关于母亲为了儿女无私付出和关爱的母爱之情；花前月下恋人们也从不缺席，生活中迎面走来的可能恰恰是阳光般的兄弟三人，因此，作品中的这些人，就是你、就是我，是我们最熟悉、最普通的广大人民群众，也就是当下生活中普普通通的人。当我们对人物形象的原型可以直接与自身产生关联、对应到当下的生活中，情感的真实性就不会难以把握或是无法表达。

　　舞蹈艺术表现中的真实，更突出的是情感的真实，而不是对特有的某个人物的扮演或者是某个事件的具体讲述。真情实感的表达，就是我们能够在亲身有过的经历中产生出的感同身受。例如，我们在看作品中三个兄弟的表演时，我们会马上联想到，自己没有兄弟姐妹，或者是亲如兄弟姐妹的朋友吗？大家一起出门，有人走路，或者是下楼梯摔了，也会急忙拉你一把，把你扶起来，再着急地看看、问一下有没有哪里受伤？又或者是，在学校里半夜有人生病了，同学们赶紧背着生病的同学上医院，等等。相类似的情景在我们的生活中比比皆是，我们提示和启发学生直接关照、捕捉的是"此刻"你所产生出焦急的心理反应，从而引发、带动身体动作的完成。在舞蹈中的呈现就是伸手拉你，为什么要伸手？就是因为看到你摔了，心里在着急下产生出的行为动作。而千万不要一开始就将表演的注意力引中到非真实性的、无法体会的特定情景中。例如"你兄弟中的一员被敌人的子弹击中了"，或者是想象与作品更为贴切的情景："他被子弹击中，掉进了黄河激流的水中。"当学生可以明确把握"伸手"的心理和意图时，情感的真实性也就自然而然地表达出来，此时，排练者再进一步进行渲染和启发，帮助学生强化内心想象空间的饱满、动作张力的力量感，从而将表演中的想象与真实情感进行更为密切的衔接，使舞蹈表演蔓延出极致的表现。

像类似的情景，在生活中我们都是有过亲身经历的，而学生在舞蹈表演过程中，将有过的感受作为真实情感的来源，感受曾经产生过的心理，以及连带而出的行为，因此，学生在《东方红》排演过程中，更需要的是学会借助：自己在生活中曾经、类似发生过的事件、曾经产生过的心理反应，作为启动内心真实感受的来源，并将其融入舞蹈表演中，从而进入真诚、自然的表现。这一表演点的启发和进入，避免了年代的距离、事件的陌生所产生的障碍，避免将舞蹈表演带入虚假"演"的状态，由此能够更好地开发他们对于真实情感的调动和真情的表达，并更深切地去透射情感、感染观者，这便是其特殊的意义与价值所在。

三、以舞育人，深化思政内涵

作为舞蹈人，我们都需要有一颗对艺术的敬畏之心。但反观当下社会，在"机械化""单向度"的快文化时代中，人与人之间愈发疏离冷漠，且许多学生对于表演舞蹈作品的态度更是仅限于"任务的完成""演出的结束"等层面，并非真正愿意去理解或体悟作品的内在真谛。虽然《东方红》作品所借助的历史背景与现在的"我们"有着遥远的距离感，但作品中所蕴含的民族精神，却已经跨越久远的年代，浸润现代人的内心。"珍惜当下"并不是让我们可以尽情挥霍和坐享其成。难道现代化生活中的我们就可以免受"战争"的摧残吗？2003年的"非典"、2019年暴发的新冠疫情，人类无时无刻不面临着现代社会中"无硝烟战争"，以及各种各样灾难的挑战。当下的来之不易，并不是已然岁月静好，而是有许许多多的人替我们负重前行。因此《东方红》所凝结的民族力量与精神，并不是那个年代或历史中所特有的。

在作品排练的过程中，"团结就是力量"民族精神延续和体现，就是每一位学生无论你站在哪个边边角角，你都必须全身心投入，毫不懈怠。一个人的力量或许微不足道，但所有人都在同时凝聚着一股劲，无论是作品的排演，还是新冠疫情的当下，全中国人民都在努力配合，使得人口众多的泱泱大中国，依然可以保持相对的生活稳定。我们的团结、我们的坚韧，是民族精神的延续，大到民族、国家，小到集体之间的相互配合，无一不是在实际行动中，以人民大众各自的微薄之力，团结、奋进共同书写属于新时代的美好诗篇。作为舞蹈人对艺术追求的持之以恒，对艺术的敬畏之心，便是体现文化自信最基本的保障。通过作品的情感投入，体会、感受、民族精神在当下社会生活、各行各业、方方面面的渗透、延续和扩展，红色基因的启动更是将具有温度的红色基因的民族精神在现实生活中进行"再循环式"的传承。

综上所述，舞蹈教育中对于课程思政内涵的融入，应在专业课程授课的过程中以育人为本，着力将思想政治教育贯穿于教学的全过程，在教学中潜移默化对学生的思想意识、行为举止产生影响的育人理念及倡导下，例如，通过充分分析作品的主题内容、创作背景以及内涵，为学生传递作品中"真""善""美"的内容，引导学生主动地感知、思考、体验，从而更好地提升思想，体悟作品精神实质。就如2021年，为建党100周年献礼，中国民族民间舞系再度复排舞蹈作品《东方红》对于编导与复排老师、参演学生和观众来说，它就像是集合的号角再次吹响，使大家汇聚在一起。当钢琴协奏曲《黄河》第四乐章再次奏响、当曲目中"东方红"旋律再次出现、当象征红色血液和激情燃烧的红绸再次抛向天空将整个舞蹈作品推向高潮的刹那，集体迸发出了历史的、民族的、胜利的、时代的巨大能量，有着重要的历史意义和现实意义。

通过借助《东方红》这部经典作品的学习，将作品中的精神内涵渗透于学生的身心之中引发共鸣、共情，从而在舞蹈中使当代的青年学生，去承继过往的"红色历史"，而这段"历史"所承载的民族精神力量，才是其育人不倦的真正价值所在。当下的我们，作为艺术家、作为人民教师，更应当合理引用红色经典作品去引导学生立足时代、扎根人民、深入生活，在专业课程授课的过程中加强、深化、落实高校思想政治教育，以育人为本，从国家意识形态战略高度出发，充分发挥课堂教学在育人中主渠道作用，通过舞蹈艺术的表现形式将红色精神中的传承与作品学习的过程紧密相连，以思政的内涵推动、激发学生在舞蹈中体会、在舞蹈中感悟、在舞蹈中明确艺术追求的目标、在舞蹈中坚定信念，在学习中为完善人格的养成，为促进学生全面发展提供坚实的基础。

"中国舞女班基本功训练"课程思政的路径探究

田 晶

中国民族民间舞系东方舞教研室主任、北京舞蹈学院副教授

【内容摘要】课程思政在实现立德树人根本任务的过程中,起到连接思想政治方向与专业技能的通贯作用。笔者在舞蹈教育课程思政建设的实操作过程中发现,虽然其是一个复杂的互相交融的系统工程,但根据舞蹈艺术教育的特征及特点,可以生动、活泼地达到"润物细无声"的教育目的。本文通过以笔者长期任教的课程"中国舞女班基本功训练"为切入点,总结整理在实操中课程思政的渗透方法,探索课程思政在舞蹈教学中的可行性。

【关键词】课程思政;舞蹈课程;中国传统文化;文化自信

课程思政,是把思想政治教育渗透到普通高等教育各学科班级中的一大新举措,旨在推进各学科特点教育以实现立德树人这一根本任务。习近平总书记曾提出:"要从党和国家事业发展全局的高度,坚守为党育人、为国育才,把立德树人融入思想道德教育、文化知识教育、社会实践教育各环节。"

课程思政所实行的宗旨,就是要把正确价值观引导于知识灌输与技能训练当中,并以此引导学习者形成健康的世界观、人生观、价值观。根据

高校的教育特点，我们认为对舞蹈教育的实际探索应从各个层次入手，即将思想政治工作贯穿舞蹈教育的全过程，做到全程教育、全面育人，以争取开拓中国舞蹈教育工作的崭新境界。

北京舞蹈学院中国民族民间舞系关于基本功训练的研究已有 10 余年，其间经历了赵铁春、高度、黄奕华、张晓梅几任系领导的引领与支持。我们始终以"坚持高层次的文化追求、坚持高质量的人才培养、坚持高水平的普及教育"为工作目标，全面履行人才培养与传统文化传承与创新。本文以"中国舞女班基本功训练"（民间舞方向）为例，从中国舞女班基本功训练的行课理念、思政意图两方面，探索"课程思政"在舞蹈基本训练中的可行性，并提出相应的观念及探索性建议。

一、中国舞女班基本功训练的行课理念

（一）课程思政行课思路

高校在舞蹈学科中开展的"思政课程"是惠及师生，益于社会发展的有力之举措，这一举措能从学生的情感方面入手，软化和抚慰学生在学习过程中的枯燥情绪，通过将思政课程与各门课程的交互融合，可以实现其在教育目标上的同向同行和协同效应。"课程思政"的构建和实施，让高校找到了思政教育和专业教育融合的切入点，充分体现了教育教学过程中思想政治在人才培养体系中的重要作用，这就要求专业教师与思想政治教师在教学过程中应同向同行、协同努力，共同为国家培养有社会主义核心价值观和马克思主义理想信念的专业人才。

那么本课题对于中国舞女班基本功训练的目的则在于摆脱带有西方标准的中国舞蹈训练体系，改变目前已经具有的审美，寻找中华民族文化中共性的基因并将其整合形成一种身体训练系统。在此系统中完成其独有的形态、动态和运动轨迹等方面，探寻一种即符合当下审美，同时又具有训练性、科学性、审美性和系统性的体系建构，从而培养舞者形成自身的身体内在运动逻辑与方式。本课题虽借助中国传统文化以及中国传统身体观念，但并非是构建中国古代审美下的身体训练方式；课题的建立并不是构

建起点，而是在当下的视野以及现有的中国传统优秀基因的基础上进行研究，将视野放在中国舞的整体概念中寻求能够体现中国精神文化与内涵的身体运动形态与方式。

笔者通过学习与实践，根据习得精神积极探索课程深入融合思政教育的可能性，以求增加课程思政内涵，巧妙结合思政内容，以达到潜移默化的教育效果。基本功训练课程建立的意义在于通过对身体的重新认知，体现出所建构的独特的拥有中国符号的身体训练系统，并寻求科学性达到对舞者肢体和心理等全方位的影响，寻求审美性以表现中国传统审美诉求，寻求艺术性以中国舞蹈视角展现中国艺术面孔。中国舞蹈与中国文化的相互渗透为双方的发展提供条件，最终意在以其独特的文化魅力和艺术身份，使其展现出当代中国的文化自信。下文是笔者经长时间尝试和总结之后梳理、整合形成的一系列教学环节。

1. 教学前文化与舞蹈的碰撞

高校舞蹈教师在教学前，先带领学生对相关的舞蹈文化元素进行深入的了解，以便让学生更能领悟舞蹈表演的内涵，并在表演过程中可以感受舞蹈艺术强大的生命力，基于"课程思政"在课堂教学的前期阶段，首先为学生布置课后作业，针对所学的中国传统文化的哲学、美学内涵进行查阅，并于课上进行集中分享，传达舞蹈的精神内涵。在文化传递的过程中，在师生集中分享交流之余，通过访谈专家、采风交流等方式搜集到的相关文化背景资料，并与学生一起进行分享与探讨，这样可以让学生先对所学有一定的前期认知，以便今后其在真正进入专业学习时，能够有目的且更高效地完成对于肢体到情感、状态的整体把握，更可以培养学生养成认知、思考而后实践的学习路径。

怎样合理地做好舞蹈教学活动前的传统文化导入，以及如何把中华传统文化元素贯彻于舞蹈教育的各个环节，做到传统文化教育与舞蹈教育有机融合，笔者及教研团队的老师们围绕中国舞基训的课程先后进行了数项相关课题研究，在此过程中，笔者感受到从中华传统文化中提炼出的"混圆法"理念以及对"意、气、形"的相关训练，形成了课程的核心内容。

2. 教学中文化对舞蹈的渗透

舞蹈作为现今百花齐放的文艺形式之一，本身便具有丰富的文化内涵及情绪情感,其精髓与灵魂便在于将舞者从对作品表达、形象背景到文化内涵的理解,以自身的感悟体验借肢体予以传达,不做搬运工,要将舞者培养成为有思想、有灵魂、有自我认知的表演者,是培养舞蹈表演人才的重要内在要求之一。其实,这也是舞蹈专业课思政教育的优势所在。在授予舞蹈内容的同时,从精神世界给予的养分,对正确三观的引导,通过自然而然的引导与渗透,再进而输出,以为观者带来精神审美和享受,是我们课程被赋予的"润物细无声"的使命。

由此,在课堂教学的中期阶段,通过前期的文化导入,学生对内容背景有了一定的了解,所以教师在授课过程中,应当在课堂教学中及时有效的进行文化渗透和学习,让学生对每个舞蹈动作在文化背景的基础上有更深入的认知,并引导学生有针对性地思考动作及意识背后的深刻文化内涵,从而在前期教学基础上,使学生对所学有更深入的认知,也为学生后期对组合进行整体完成质量的提升打下基础。其次,针对一些未学的内容,则引导学生利用这种文化思考与实践并行的学习路径,对后期将学习的内容进行先期预习,以便更好地开展后一阶段的教学。在这一过程中,渗透了从对中国传统文化的认知,上升到民族自信心的建立,再转化为伟大中华民族传统文化的传递能力。

3. 教学后期文化与舞蹈的融合

在课堂教学的后期阶段,学生已经对整体有了一定的把握与认知,此时教师更应当趁热打铁,从文化传统及精神品质对学生进行再引导。不断横向完善、纵向加深学生对于组合的认知,培养学生养成实践后积极反思的学习路径及方式,培养其思辨能力,"知其然,更知其所以然",真正通过课堂教学,使自身成为载体,将组合由内而外地承袭下来。

当下思政教育的痛点在于教育之后学生的接受程度不高,离学生认真领会,甚至主动践行都有很大的距离。高校作为一个多元文化碰撞与交流的平台,当下思政高等教育的问题就是高等教育之后学生的接受程度不高,离他们认真领悟,或者积极实践还有较大的差距。高等教育是多元化一体思想交流和互动的工具,肩负为祖国培育高素质、高水平的社会主义接班人的使命,所以在教育阶段中应积极培育学生的创造性和思维能力,提高他们对多元文化的认识，以便提高他们的综合素养。教学之后的总结和反思一方面能帮助学生巩固知识，另一方面也能切实督促学生在练习中实践所学，形成记忆效应，将所学知识与舞蹈表演紧密结合。同时，教师也能收集学生的领会情况，不断调整授课方式，结合学校、学生和专业发展的实际情况，制定出符合本学科的课程体系，在教学过程中不断提升自己教学水平，培养学生的综合舞蹈能力。

（二）教学手段

"课程思政"要求高校教师在教授学生舞蹈知识的同时，培养学生的综合能力，这就要求教师在原来的教学基础上对自己原有的教学方法进行一定的创新和改革，运用多元的教学手段，激发学生的学习兴趣，实现教学目的。

（1）抛弃了传统钢琴伴奏的教学方式，采用中国古琴和大鼓、木鱼、铃鼓、吊镲等中国乐器进行现场伴奏，试图从旋律、音质上给学生带来中国式的情境交融，同时优化了资源配置。

（2）创新性的引用体育训练中"平衡垫"作为辅助训练手段，对中国舞女班基本功训练中重要的重心训练进行针对性的强化，使此部分能力得到了显著提高。

（3）借鉴运动科学的手段，通过监测数据及时反馈训练成果，能对具体内容进行针对性的专门化训练。

（4）借助网络进行线上授课，邀约相关专家进行线上一对一问答、难重点释义、知识拓展等方面教授。

（5）打破思想禁锢，摒弃了以前训练的传统模式（即把杆部分、把下部分），不单对肢体和肌肉进行训练，而直接从中间部分开始，进入"你中有我，我中有你"的身心合一的训练。

（6）从中国比较注重的心理训练入手，以"意"为先导，指导气质、体态、手位、脚形、舞姿等基本姿态训练。

基于以上对于专业课程思政的把握与行课梳理，笔者在研究期间，切实将以上环节实践于本人教学任务内的"中国舞女班基本功训练"课程之中，下文将以各板块教学内容中的几个组合，展开例证。

二、中国舞女班基本功训练的思政意图及思考

"思"是"思想""思维""思考"，是在知识学习、思辨分析和价值判断的基础上一步步转化形成的基本观念；"政者，正也"，指正向的价值观和思维方法；"课程思政"就是教师基于专业教学的基础上，将正确的思想、方法、道德观念、职业理想等传授给学生，实现专业知识的教育和思想政治引领相融合。在课程思政教学改革和实践中，作为一名舞蹈教师，应以中国舞女班基本功训练为基础，深入挖掘课程背后的优秀传统文化，组织开展思政课程建设。

（一）以"欲人勿疑，必先自信"为前提

"欲人勿疑，必先自信"，自己都不相信如何做好思政教育。因此，做好言传身教，让教育者先受教育，是思政课程建设的前提条件。这门课程的内容特质很明确地要求教师在教学过程中，拥有不断实践、研究和创造的满满动能，更需要对中国传统文化的学习充满求知的欲望。在自我提升的过程中率先完成对文化自信和文化自觉的建立，结合课程归属和专业发展的要求自知而行之，才能打动学生，才能引导学生。所以，真正做到思政教育与专业学科知识的内在联动，首先对提升教师自身的全面素养提出了更高要求。

（二）以"将文化自信融入学生思想"为实施效果

中国传统哲学思想中，对人体生命整体观，"天人合一"思想以及对世界创生次序是"无极生太极，太极生两仪，两仪即天地"的提出，足可见中国对于世界以及人体的认知是完全区别于西方的，是一个独立的文化体系存在。

在中国人的认知中，认为应该从全局考虑问题：自然界作为一个整体，其他的生物、生命以及人都是它包含的一部分，这些元素协调共生共

存，一旦其中一类遭到破坏，生态便会失衡，自然界就会受到影响，产生连锁反应、蝴蝶效应，直至被完全破坏。在这种整体中，一切人事均应顺乎自然规律，达到人与自然的和谐，这不仅是一种思想，而是一种状态。这明显的具有中国特色、具有东方特色，这是东方哲学，是季羡林先生提到的与西方文化完全区分开的，对世界和人生的一种认知。细微到我们的课程，在这条追寻传统文化的传承之路上，无论是中国人对"心虚涵万物"思想境界的追求，还是对"意、气、形"的认知，都是其中重要组成部分。舞蹈动态形象的流转之间，教师需要将自己对中华优秀传统文化的思想精华和时代价值的再认识，实现到对学生文化自信的培育和引导中去，认识到我们对于舞蹈动态美的需求是一种超越节奏控制、超越肌肉控制的美，一种既不可预见规律，又有规律可循的美，一种动中求静，蕴藏中国哲思的美；认识到中国的美，中国舞蹈的美完全孕育于我们悠久的历史，完全来自我们深厚的文化。故"将文化自信融入学生思想"，使学生在国家、国际上都能得到文化信息，为中华民族伟大复兴贡献自己的一份力量，这是本课程努力追求的目标。

（三）以"实现思想政治教育与引领的潜移默化"为实践方法

中国优秀的传统文化一直是我国文化软实力，所以如何在高校教育教学过程中有效地提升我国的文化软实力，关系到高校学生价值观念和意识形态的形成，以便让学生进一步理解和认同我国的制度选择，增强学生的爱国热情。

我们都认识到，在浩瀚的历史长河中，中华民族积累的许多优秀传统文化都是思政教育的潜在资源。在传授知识的过程中，其实本身就是在向学生传授思想、传授世界观、传授人生观和价值观。2016年12月，中国民族民间舞系"2016'大美不言'——中国民族民间舞作品专场"晚会，开篇第一章，秉着"崇'根本'之礼，以'中正'之心，秉'通贯'之态，行'行云'之势，希望追求意气之行，一切皆循圆道"的想法，编排了组舞《融》。这个作品的素材（动作语汇及舞者），均源于上述课程的实践研究。

(四) 以"实现共同成长"为目标

习近平总书记提出,"办好思想政治理论课关键在教师,关键在发挥教师的积极性、主动性、创造性"。在思政课程建设过程中,教师其实经历着数种成长,其中笔者认为可分为两层含义。

其一,面对挑战,在教学相长中实现自我与学生的相互促进,是"共同成长"的含义之一。作为新时代身兼教育、引导责任的教师,身体力行实践着继承发扬传统文化的重任,鼓励培养出的未来一代勇敢地站在世界的舞台上,不断地传达我们中华民族的声音是我们的教育意义所在。

时代在进步,在教师输出的日复一日中,学生"更替迭代",思辨能力不断提升,越来越不唯"你"是从。学生能从太多的渠道中获取问题的答案,不再视你为"唯一"。面对源远流长、博大精深的传统文化,如何带学生一起寻找答案,教师这一职业开始有了越来越高的要求,不断向教师提出新的挑战。

前文提到,根据季羡林先生提出的世界文化体系群的划分,中国对于世界以及人体的认知是完全区别于西方的,是一个独立的文化体系存在。但如何以舞蹈独特的媒介"身体"去体会甚至去诠释,并由被动接受,到主动吸收,再到主动释放,于学生和教师都是一个极为高难度的挑战。在此引导过程中,学生的收获、反馈甚至成长成果,都会不自觉的成为教师自我对传统文化的深入学习与教学科研不断探索的鞭策动力,实实在在体会"逆水行舟"的压力。在此压力下,教师学习与输出就此形成了不断交替往复的良性循环。

故在学源和学生成长需求的双重刺激下,思政课程的建设必须以发挥教师积极性、主动性、创造性为基础,在教与学中达到与学生"共同成长"的目标。

其二,北京舞蹈学院积极开展"思政课程"的建设,就是要打破各学科门类间的壁垒,为学科间的交流和共进提供交流平台。例如,我院教务处举办"课程思政线上分享会"活动,邀请了我院获得北京市课程思政示范课程的教学名师和教学团队进行经验交流分享,会上,庞丹、黄奕华、邹之瑞、张云峰、杜乐五位教师及其团队分享课程思政建设心得，学院近200名教师参会学习交流。教师互相启发、深入教研，挖掘课程的育人要素，改进教学方法、教学手段、教学内容等，让课程思政真正落地在每一个课堂之中，为培养时代所需的舞蹈专业人才贡献自己的力量。

学校构建的平台，以及开展课程思政建设，有力推动了思想政治理论课与专业课教育教学资源的优势互补、共建共享，充分发挥教师"主力军"、课堂教学"主渠道"作用，为实现院系间教学资源共建共享，以交流促提升，以深挖启心智，全面推进思政教学铸魂育人，引导青年学生努力成为担当民族复兴大任的时代新人做出了新的尝试与探索。

借由学院搭建的交流平台为契机，促进教学经验的互为借鉴、互为激励，是为达成各门类课程教师的"共同成长"。

三、结　语

舞蹈教育课程思政建设是一个漫长而复杂的系统工程，并非短期所能完成的，需要多方协同参与，并把理论知识付诸实践。教师必须对舞蹈学科本身所包含的大量课程与思政教育资源加以多元性挖掘，培养思政意识，并推动教学与思政和舞蹈课程之间的深化融合。对我国舞蹈舞女班基本功培训（民间舞方向）与教学而言，用"对传统的坚守以及科学化传承的道路"两条途径，助力中国新一代年轻力量以文化自觉有意识向文化自信迈进，助力于中国舞蹈和培养出的中国舞蹈表演专业人才，能以我们独有的文化魅力和艺术身份展现出当代中国的文化自信，用中国舞蹈语言讲好中国故事，为社会培养有责任、有担当且不负历史使命的社会主义接班人。

职业民间舞表演专业课程思政教学实用性探究

——以"中国民族民间舞传统典型组合"为例

袁 媛

中国民族民间舞表演与创作教研室主任、北京舞蹈学院副教授

【内容摘要】传统典型组合继承的是北京舞蹈学院中国民族民间舞系一门传统特色课程,同时也是作为民间舞表演专业的一门重要专业基础课程。它是培养具有厚德精业的高素质职业技术技能型的表演人才支撑文化传承发展的需要,课程教学充分发挥特色课程实用的特点,将思政教育有机融入教育教学的全过程,寓价值观引导于知识传授和能力培养,通过科学建构课程思政内容体系,充分发挥课堂教学主渠道作用,从创造课堂教学动力入手和探究创新教育教学方法并行运用,从而引导学生领悟地域文化精华,感受根文化魅力,树立文化核心价值理念,以有效拓展课程思政方法和途径形成精神文化思维模式。探索和逐步完善该课程思政与专业内容两者相融合的评价标准,并以坚定态度重视实用范式和风格技能中蕴含的丰富的理念和文化审美思维。

【关键词】课程思政;民族民间舞表演专业;传统典型组合课程;思政考核评价

育人为本,德育为先。全面推进课程思政建设成为当前全国高校立德

树人的重要举措，是提升人才培养质量的关键。中国民族民间舞表演专业主要培养目标是能从事兼具民族民间舞表演、教育、编创、研究能力的复合型人才，且以适应社会环境需要的具有高职业素养和高素质的技术技能人才。传统典型组合继承的是北京舞蹈学院中国民族民间舞系一门传统特色课程，同时也是作为民间舞表演专业的一门重要专业基础课程，它主要承袭的是民间舞文化内涵与外化活态一脉相承，不同时期特征的典型动作、典型韵律、典型短句、典型衔接规律、典型的核心元素、典型形象和典型曲牌构成的教学组合，这些近 90 个内容来源前辈们整理编创。准确地说，传统典型组合作为教材内容是以不同民族、地域活态民间舞为基础，运用科学理性的方法研究，探寻动作的规律和系统编创而成，其价值不可忽视实用范式和风格技能中蕴含丰富的理念和文化审美思维。

关于在职业民间舞表演专业或课程方面高效开展课程思政，其意义在于不仅是时代赋予其以民族文化立德树人的重大任务，更是实现继承、创新、自我完善的有力保障。课程教学充分发挥特色课程实用特点，坚持以习近平新时代中国特色社会主义思想为指导，紧盯发展趋势，梳理课程蕴含的思想政治教育元素，将思政教育有机融入教育教学的全过程，寓价值观引导于知识传授和能力培养中，聚焦引导学生领悟地域文化精华，感受根文化魅力，树立文化核心价值理念，形成精神文化思维模式。当下，追求职业素养和精神培育，坚定自信，培养具有厚德精业的高素质职业技术技能型的表演人才是支撑文化传承发展的需要。

一、建构课程思政内容体系

课堂教材虽从无到有，但继承延续的组合来自前辈们以教学目的整理提炼，其源头发祥于大地，根植于中华文化。传统文化精髓引领着舞蹈艺术的发展毋庸置疑，选择从教育入手，探究、传承、发展民族文化成为我国新时期繁衍生息迫在眉睫之需。中国民族民间舞经年锻铸，凝聚着人民智慧与生活哲学以及蕴含着丰富的地域文化特质，汇集人类卓越的智慧与成果，是重要的思想政治教育源泉。

首先蕴含了丰富的思政元素。基于"中国民族民间舞风格课程标准"的刚性要求，是以培养学生"传统舞蹈文化核心素养"为教学行动指南，思量和分析近几年的中国民族民间舞核心课程，如"风格基础课"与"传统典型组合课"发现，民间、历史、民俗、信仰、传说以及仪式、服饰、形式、非物质文化痕迹等都极具地域文化特色，均蕴含着丰富的思政元素。

其次极具特色思政资源。各舞种样态或类型的文化底蕴深厚，禀赋地域文化资源与信仰民俗资源，如云南中甸藏族《租者》、四川甘孜藏族《古来亚木》以及西藏昌都流传的《尤子巴母》等，同是藏族不同地区却有相似且不同的形式，都极具地域舞蹈文化特色。

再次深刻理解蕴含民族地域素材。学院"遵道崇德，天地人和；文舞相融，德艺双馨"的校训、秉承"文化心承，民舞相传"的精神、崇德"术道并重"的教风等也都是非常好的课程思政元素。因此教育教学启智以专业基础研究为导向，秉承挖掘与分析其中所蕴含的民族地域元素作为传统典型组合"教与学"的思政教育素材之必要。

传统典型组合课程始终以习近平总书记关于传承弘扬中华优秀传统文化的重要论述为遵循，围绕弘扬优秀传统文化为主线，渗透民族情怀、职业道德、舞匠精神等思政内容，将民族舞蹈文化等思想政治教育贯穿传统典型组合课程教学始终，目的是深刻理解中华优秀传统文化的思想精髓和时代价值。同时，引导学生体悟动作背后的文化内涵，感悟艺术审美追求，厚植家国情怀，敬畏职业与自信，从而实现以艺育人的教学目标。

二、充分发挥课堂教学主渠道作用

1. 如何创造课堂教学动力

以实现传统典型组合课程素质为目标，注重激发课堂教与学。一方面，根据素质目标，结合课程内容，深入挖掘实用课程所蕴含的传统文化等思政教育资源，构建课程微课、图文、视频等思政资源素材库，丰富教学手段；另一方面，针对学生认知，调整授课设计方案，将思政元素与课程内容知识点有机融合，整合典型教学案例深入本质。目的是把课程思政有机融入课堂"主动学"全过程，切实达到立德树人的效果。

诸如解决只注重身体技术能力开发，而缺失了对舞蹈文化内涵认知这一问题该何解？

首先，回溯问题起因。对于民间舞传统价值的认知，基础问题首要明晰即是探索组合是什么？怎么来的？采用什么音乐辅底？什么年代或时期？动作怎么做、为什么这样做？什么内涵？动态或韵律衔接背后的文化价值是什么？课堂训练目的是什么？解决什么？……归结，不能只是停留在动作或表层追求。一切考究如何精准体现，这就是将内存于民间舞文化层面、意义层面中内涵在形式和身体媒介层面中逐渐价值体现，这需要职业民间舞从业者无论教师或学生，都要求借以课程思政有机融入为途径，安下心来返身学习，切实研究、体悟、领会逐步深入。其次，推进探索动因。一线教师的授课能力决定了课程教学质量和训练价值的有效性乃至传承意义。为此在明晰方法、凸显思维上下功夫。探究实用课程思政设计，掌握内涵，从实践解析入手，深入探讨民间舞蹈传统文化教育中发展的重要性。可以确定的是中国民族民间传统舞蹈被作为核心内容纳入课堂，就意味着"教学意识以风格文化传承为导向，组合训练以把握文化为根基"这样的底层逻辑应始终遵循不变。因此看整体一堂课，教学过程仍应区分不同的文化功能和训练价值，最终落地培养有文化的身体意识。

因此，要在思政资源素材库丰富教学手段的科学教育中寻求和体验从动态表象看文化本质，如此获得驱动力得以实现民族传统文化渗透与进行艺术性合理再造。

2. 创新教育教学方法

归纳教学相长原则从几个方面入手。了解民间舞学科基础理论和实践原理；具有思考与分析传统舞的能力；教师理论知识怎样渗透到学生，从而推动专业实践有效运用，旨在偏重风格表演方面怎样具有时代性、地域性等方面，激发学生探索欲和培养觉知力。方向是明确的，只有不断革新教育教学方法，以学生的学习效果为目标，深入开展以学生为中心的教学方式，特别是激发学生探索欲来触发学生深入思考，实现教育目标下的思想启迪和价值引领。

另外我们还坚定认为，如何提高民族民间舞表演专业人才的内涵和素养也十分必要，这是一直应有的教学意识和教学理念，为此聚焦提高传统舞蹈文化内涵的觉知力。这也说明提升较为系统的且整合性可操作的教学手段或方法就显得格外迫在眉睫。

包括运用案例讨论法、榜样示范法、角色参与法等多种教学方法，采用学习通等信息化教学平台等。如讲到传统组合与典型组合区别时。课前，教师发布任务单，要求学生分组搜集整理某一民族舞蹈的来源、地域、民俗，组合风格、形态以及风格性与训练性的区别、核心动作与典型动作等相关内容，交互教学并讨论；课中，教师根据学生讨论的热点，如动作的表现动态与形态以及舞台作品中的表达等，难点如"律动怎样与做法怎样"等进行示范、讲解、讨论；课后，要求学生整理完善课程教材中那个民族部分的相关资料，并按小组鉴于图文资料、示范、视频等交流分享、答疑解惑，甚至借以编辑自媒体公众分享提升弘扬文化意识，增强文化自信。

创新教育教学方法不仅可以引导学生关注、思考与探究质朴的、热情的、有文化根基的民族舞蹈组合内涵，这将代替为动作而动作的表象发展，以及解决无生命力而言的盲目运动，有益于激发学生学习兴趣和主动创新意识。寓价值观引导于知识传授和能力培养中，让学生在不知不觉中接受教育，达到润物无声的效果。

3. 拓展课程思政方法和途径

拓展课程思政的方法和途径，积极构建文化素质互动活动来检验课程成效。第一步，实践意义与思政教育紧密结合，即实践意义旨在将知识延伸式纵向教学，思政教育旨在将素质拓展式横向实践。第二步，深入挖掘思政教育素材和其所承载的思政教育功能，将文与舞相结合，并深入舞台实训活动中检验教学结果。

实际上教材中传统组合与典型组合是有一定本质区别的。所谓传统组合，在文化功能上偏重于原生形态或次生态式的文化传承，是不同民族、不同地域"活的"民间舞蹈，后经采风、田野作业，对其加工整理保留下来，相当于民间舞蹈的"活历史";所谓典型组合，运用科学方法研究并探究规律系统编创而来，或者被认定可承袭的具有时代典型特征舞蹈作品的核心舞段。换个角度理解，传统组合在某种意义上是一种民间艺术移植和保护的桥梁，而典型组合的教学价值重在为我们树立了一种教学上的经典意识，它是一定时期、一定教育背景下在风格课中做得比较成功的教学组合。

基于此，以构建文化素质互动活动来承袭的同时，也结合专业课程所蕴含的传统文化思政教育的元素，参与民俗体验活动、鼓励田野多媒体制作、撰写组合表演小传、收集特色图片等形式多样的学习引导，当然聆听主题教育、参与工作坊、关注各类与传统舞蹈文化、民间舞技能舞台实训相关活动，也是较为不错的教育途径。以创建学习氛围，培养自主学习，焕发职业热情，提升民族自豪感，增强文化自信，达到以舞育人、以文树立人的高效教学，培养学生的精神灵魂和职业操守，使其成为爱国、励志、求真、力行的高素质技术技能型舞蹈人才，进而发扬传统舞蹈文化。

三、课程思政考核评价体系的探索完善

表演人才培养成效是课程思政建设评价的首要标准。传统组合和典型组合课程初步建立的是学生和教师共同参与的评价模式，也是教学评价和学习效果评价相结合的师生互评方式。在探索和逐步完善该课程思政与专业内容两者相融合的评价标准过程中，所采用"定性定量评价方法"，也就是在教学评价中实施学生对教师在课程资源、教学周标、教学设计、教学方法、授课风格、教学效果、考核方式等多个维度融入课程思政的评价指标，这极大地监测了课程思政教学效果。与此同时，也初步构建学生对教师课程思政融入多样性之后的评价，如满意度、认可度、达成度、合理性等。上述以双向调研分析评价体系来完善，核心是目的引导学生参与教学，培养学习驱动力。当下唯有不足的是没有切实发挥智能化、信息化教学平台优势，可喜的是迈出了探索课程思政成效考核评价意识的一步，这对于检验教学思路和清晰内容有很大的推动作用。

无论教师与学生，对所教授或学习内容掌握的检验无外乎"知其然知其所以然"。当遇到在课程教与主体学的过程中，出现两个疑惑该如何应对？疑惑一是如何在教材组织中体现"传统组合"和"典型组合"的教学目的，这与"基础风格课"的教学功能是否有区别，又是什么区别；疑惑二是师生如何在教与学中掌握"变"与"不变"的教学尺度，比如传统组合和典型组合课的教材是否能够根据不同时期教师的不同认识而发展教材，又如何在原生状态的素材中把握发展和变化的缘由和尺度。

诸如此，评价皆可采取三个面向的有序步骤。首先，学习效果评价时可采用理论与实践考核相结合、新冠疫情期间采用线下与线上考核相结合、联合中期与终期评价、行课过程评价与结果评价相结合的评定方式，记录学生主体对课程或组合思政内容的想法、看法、做法，以及实践参与度、习惯持续、知识与技能的扎实程度等多方面纳入考核参评。其次，学习过程评价以课堂体悟与表现（特殊时期线上成绩为主）以及贯穿课前、课中、课后全过程，通过学生作业反馈、课堂互动、师生互评、合作小组互评、平时问答、现场考试等情况进行综合评价。最后，学习结果评价是指期末考试现场展现，注重文化体现、心理素质、职业素养等方面的价值取向，以及现场答疑知识的运用，逻辑思维提升。整个考核旨在促进了教师教学革新，提升教育教学质量，提高学生综合能力和知识运用能力。

四、结　语

传统组合和典型组合课程是北京舞蹈学院民间舞系课程设置中的一门核心课程，其教育教学的实质目的是加强职业民间舞表演专业对民间舞舞蹈形态的认知，而实现创新与发展作为人才培养的终极目标，为民族舞蹈与时代接轨衔接并领略"磨炼舞蹈专业技能，培养传统文化底蕴；增强实践创新活力；拓展国际交流视野"的中国民族民间舞人才培养体系发展和创新的指导方针[①]。则然，本科民间舞的基础教学就不能离开"根"，不能

---

① 高度. 中国民族民间舞人才培养体系的创新与发展［J］. 北京舞蹈学院学报，2014（5）：5.

离开其赖以生存的民族土壤。传统组合和典型组合课程思政教学实践其价值是不可忽视实用范式和风格技能中蕴含的丰富的理念和文化审美思维。

诚然，多年施教不难也难，教员要教好课有必要对教材进行深入剖析，从中找到其内在的联系和规律性价值，它们有严格而准确的范式、有明确而有效的训练步骤、有家国情怀与责任、有职业使命与担当，有必要通过剖析从感性层面上升到有维度的理性认知并实践在教育教学过程中，帮助学生掌握更深厚的知识和内涵，从而增加学生的文化自觉意识，将所学到的内容既能看到形又能抓住象。总之，坚定"知其然知其所以然"的态度继承和弘扬中华优秀传统文化，以实践力量推动传承创新发展的切实需要。

参考文献

［1］教育部. 关于印发《高等学校课程思政建设指南纲要》的通知.

［2］潘志涛主编. 中国民族民间舞传统、典型组合渊源与分析［M］. 北京：北京高等教育出版社，2010：2.

［3］高度. 中国民族民间舞人才培养体系的创新与发展［J］. 北京舞蹈学院学报，2014（5）：5.

溯本求源 心之所获

——新时期课程思政对于舞蹈教育的重要意义

袁 佳

北京舞蹈学院青年舞团副团长、北京舞蹈学院副教授

【内容摘要】课程思政作为全国高校教育教学内容的重要组成部分，一直也是北京舞蹈学院在专业课程及艺术实践中育人的重点，通过国家大型活动、专业课程、艺术创作等相关内容的实践，更好地将课程思政全方位育人的理念，融入学院的各项课程之中。

【关键词】课程思政；大型活动；艺术实践

习近平总书记指出，"想把学生培养成什么样的人，自己首先就应该成为什么样的人"。课程思政在落实立德树人根本任务中发挥着不可替代的作用。要按照"政治要强、情怀要深、思维要新、视野要广、自律要严、人格要正"的要求来规划思政课教师队伍建设的重要标准。

一、党的政治建设与艺术人才培养关系

北京舞蹈学院中国民族民间舞系一直在为谁培养人、培养什么样的人方面开展工作。为党服务、为国家服务的思想精神，一直在课上课下不断进行，通过各种各样的方式，引导学生正确的学习态度、学习意识和学习

方向。近一段时间，北京舞蹈学院中国民族民间舞系的专业工作一直围绕着"深入基层、扎根人民"的重要精神展开，对优秀的民族传统舞蹈文化一直在挖掘、传承、保护，在最终的艺术成果方面，也取得了社会各界和业内的广泛关注。经过深刻学习，使我对新时代文艺工作以及思政教育应具备的素质、应履行的义务、应享有的权利、应承担的责任有了进一步的深刻思考和更深层次的认识。历史车轮滚滚向前，中国共产党带领全国各族人民，一次次书写波澜壮阔的奋斗史诗，中国共产党100年峥嵘岁月，让国家富强、人民幸福，一代代共产党人前赴后继、矢志不渝。回顾历史，作为新时代青年，我们要肩负起党和祖国人民的重托，重塑东方巨龙的雄姿。坚持爱国为民。忠于祖国，忠于人民。坚定文化自信。坚持走中国特色社会主义文艺发展道路，潜心教育创作耕耘。坚守人民立场，始终坚持以人民为中心的创作导向，追求德艺双馨。坚守艺术理想和艺术良知，倡导团结向上。坚持百花齐放、百家争鸣，引领社会风尚。坚持从严律己，模范遵纪守法。以上的学习内容，让我们有了深刻的思考，并要立足于实践。做到真正的为人民服务，创作出人民喜爱的优秀作品，为做优秀的新时代工作者而奋斗终身。

舞蹈艺术源于人民，又服务于人民。作为一名舞蹈艺术创作者、传统艺术传承者，我们应遵循"坚持为人民服务、为社会主义服务"的宗旨，肩负起举旗帜、育新人、兴文化、展形象的使命，创作出更多弘扬主旋律、正能量的艺术作品。同时作为一名舞蹈教育工作者，时刻心系民族复兴伟业，将这份厚重的"中国精神、红色精神"薪火相传。

二、培养人才

我们还通过广泛的社会实践活动，包括中华人民共和国成立70周年庆祝活动、建党100周年、北京冬奥会、两岸文化交流活动、"一带一路"沿线国家访问等国家大型活动的参与，帮助学生更好地增强国家及民族的自豪感，真正认识到艺术服务于国家、服务于人民的核心内涵，在一系列的培养活动中，学生也做到了思想政治过硬，服从组织安排，有大局意识，很好地体现了一名首都大学生应有的责任与担当。作为文艺教育工作者，我们应该为伟大的中国共产党而庆祝喝彩。作为文艺教育工作者能全力以赴的投入庆祝建党100周年文艺晚会的伟大实践活动中感到无比光荣，我们无惧任何困难，只为在建党100年之际，歌颂党的丰功伟绩。比如在建党100周年大型情景史诗《伟大征程》中，我担任了第一篇章《土地》的编导，在这个特殊的排练场地，烈日当头，风沙肆虐，环境艰苦，但我们乐在其中。在排练的过程中有许多触动人心的画面，比如我们第一次审查最经典的一幕，《十送红军》音乐响起的那一刻，山牙子面对老母亲的那一跪，大家深深地知道，这一别或许就是一辈子，但毅然决然为了民族大义去奉献自己的一切，在那个时候，那样的音乐、那样的环境、那样的行为碰撞在一起激发出的真情实感，令全场人为之动容。我们希望通过这种不同的表达方式，将这些精神传递给演员、传递给学生，这就是最好的思政教育。"星星之火，可以燎原"，真实的艺术表达在作品中，往往是最有力量的，最能触及人的心灵。

高校大学生积极参加社会实践活动，从主观上看，能够促进在校大学生更直接地深入社会、了解社会，进而提高其感知社会的能力。从客观上看，在社会实践中不断地将自身所学知识理论结合实际，不断地将自身技能展示并提高，培养其能够及时发现问题并妥善解决问题的能力。尤其是作为高等艺术院校的大学生，专业技能水平综合素质的高低是将来就业的主要因素，所以高等艺术院校大学生在校积极参加社会实践活动凸显其重要性。通过参加国家大型艺术实践活动，学生面对的不是学校和老师，而是直接面对社会和国家，可以无形地培养高校学生融入社会、心系国家，打开眼界和认知层面，提升他们的政治敏感度，时时关心国家大事，并融入其中尽自己的一份力量。

我们曾说"回望过去是为了更好地展望未来"我想是的！这种力量很深厚，很宽阔！作为一名教师，在教学中要注重"以文化人"的深刻含义，通过舞蹈艺术载体，传达解读舞蹈背后的文化意蕴，让更深层次的主题立意传播给学生，不断加强基底功力，具备良好的表演素质，在此基础上，提升综合素养，这样可以产生无限的创造。"文者，贯道之器也。"我们通过作品提高艺术修养，职业感悟与思想沁润。始终将育新人、兴文化、展形象的使命任务铭记在心。思想家、教育家王夫之曾说："知者非真知也，力行而后知之真。"这告诫我们在求知和道德修养上要身体力行。一是从精神层面，二是从身体力行的行动力方面。学生在思政课教育以及参与国家大型实践活动过程中，恰好需要解决这两点关键问题。先解决学生思想政治的引导，再让学生积极参与社会实践活动，使其知行合一。在社会实践活动实施中需要强调并解决以下三点，一是强化时间意识，培养惜时如金的意识，涵育严谨细致的品质；二是训练执行能力，督促学生根据既定目标坚决落实方案；三是及时判断总结，总结经验、检讨错误，引导学生自主反思。引导学生将社会实践活动融入学习与生活之中，经常反思感悟，做到思学一体，思行一体。

三、艺术创作、人才培养、学术研究

北京舞蹈学院中国民族民间舞系也一直秉持着习近平新时代中国特色社会主义思想的精神内涵，创作了包括舞蹈《红船》《鼓舞生生》《那一别》《映山红》、小型剧《禾》等一系列歌颂党、歌颂人民的艺术作品。社会主义的文艺是人民的文艺，人民喜爱的作品才是真正的好作品，这何尝不是我们"文艺工作者"工作的根基呢！我们代表中国文艺事业，继续为人民歌颂党，歌颂国家，弘扬传统，回顾历史，展望未来。文艺事业是党和人民的重要事业，文艺战线是党和人民的重要战线。从古至今产生了灿若星辰的文艺大师，留下了浩如烟海的文艺精品，不仅为中华民族提供了丰厚滋养，而且为世界文明贡献了华彩篇章。作为党员文艺工作者，当下的我们更应该引领文艺创作方向，"提升文艺原创力，推动文艺创新"，创造出真正的扛鼎之作、传世之作和不朽之作，尽可能的以国家大义、民族情怀和对人民的责任感，创作出更多反映时代呼声、展现人民奋斗、振奋民族精神、陶冶高尚情操的艺术作品，努力铸就中华民族伟大复兴的新时代文艺高峰。

"充实之谓美，充实而有光辉之谓大"，新时代文艺工作者应当让创作

激情充分涌流！站在新的历史起点上，让"无声"的精神变为"有声"的故事。让我们以艺术的形式使中国精神深入人心。心怀党的初心和使命，用舞动的身体创作出思想精深、艺术精湛、制作精良的文艺作品。在艺术创作中，我们应坚持守正创新，弘扬以爱国主义为核心的民族精神和以改革创新为核心的时代精神，在我国优秀的传统文化的基础上完成创造性转化、创新性发展，传统文化是我们艺术创作的养料、是基石、是责任，我们应以艺术作品为媒，将我国宝贵的传统文化绽放于永恒。近年来，我们所创作的小舞剧《禾》也正是基于这样的思考下产生的。我认为穿衣吃饭是百姓的根本，因此《禾》的创作围绕着百姓生活生产而展开，舞剧中运用了生产工具，也提取了插秧、犁地、筛谷子等生产动作，既抓住了百姓日复一日辛苦耕种，年复一年田间劳作的艰苦拼搏，也通过丰收的喜悦，新生命诞生的欢喜，突出了平凡日子中的不平凡，也希望通过作品来弘扬"吃水不忘挖井人"的中国传统美德。

四、立德树人的培养

北京舞蹈学院系部通过一系列的活动，如拔尖人才、百里挑一，在德才兼备，以德为先方面做出了示范，形成一种激励机制，让"以德修身、以德领才、以德润才、德才兼备"成为一种用人导向。作为新时代文艺工作者，作为一名人民教师，我将不断努力提升自我的修养，专业能力，文化底蕴。坚定自己的理想信念。"知者行之始，行者知之成"，要把所学所获，都要落实到身体力行上，努力在新的征程上为中国文艺教育事业争取更大的光荣。

人民有信仰，国家有力量，民族有希望。"长风破浪会有时，直挂云帆济沧海。"过了20余载的职业之路，我深知在艺术这条道路上应时刻保持敬畏之心和赤诚之心，应不断加强思想积累、知识储备、文化修养、艺术训练，把个人的道德修养、社会形象与作品的社会效果统一起来，做到襟怀学识贯通、道德才情交融、人品艺品统一。路漫漫其修远兮，吾将上下而求索，奋斗不止，勤勉不懈，不断钻研舞台表演艺术，吸取一定的经验与知识，同时建构更为宽广的文化视野，注重全面发展，提高综合能力，使己能成为有效协调多元化的高素质复合型人才。更希望在中国传统文化博大精深、兼容并蓄的熏陶中，超拔之于艺术、人生更高的使命与职责，让中华文化根深干壮，枝繁叶茂。领航在新时代的伟大征程上，成为有信仰有情怀有担当的文艺工作者，力争做社会主义事业接班人，以赤子之心、感恩一切、不忘初心，砥砺前行。

五、课程思政需要灌输在日常工作学习之中

思政不仅在思政课上进行，也结合了北京舞蹈学院中国民族民间舞系特色，在专业课程范围内开展，比如系部组织专业课教师党员分别同各年级学生进行座谈交流，老师和同学们分享了关于思想和学习方面的所感、所想。在后面的工作中，还需要切实推进社会主义核心价值观进教材、进课堂、进学生思想，发挥课堂教学主渠道作用，在课堂中强调党的核心教育理念，继续强调优秀传统文化的传播，引导教师在传授舞蹈艺术的同时，将积极、正确的价值观融入教学全过程。还要积极营造系部的核心价值观文化氛围，如进行"爱舞蹈、爱劳动、爱国家"的主题教育活动，继续深入开展爱国主义、民族传统、礼节礼仪等教育活动，形成有舞院特色的爱国主义文化校园氛围。

在今后的工作中，要继续加强对思想政治建设的理解程度，通过多形式的学习牢固树立思想政治在艺术教育中的重要性，在艺术创作及学术研究方面，要加大对红色主题、英雄模范人物事迹的创作力度，弘扬优秀的爱国主义题材作品，努力展现民间舞人对党、对国家、对民族的爱国情怀，真正做到讲中国故事，促文化自信。

浅析课程思政视域下民间舞实践课的价值提升

——以民间舞基本功训练课与剧目课为例

高 岩

中国民族民间舞系副教授

【内容摘要】 近年来,在以课程思政为指导的教育大背景下,各学科、各专业均在大思政课的指导下,把思政教育与专业教育充分联系建立起来,将思政教育融入全局的教育思想。在此背景下,舞蹈教育充分和教育导向与国家教育政策相联结,在面对舞蹈教育教学的种种不足中,借鉴思政教育的教学思路与舞蹈专业实践相结合,在民族民间舞的教学课程中,探索思政教育与舞蹈专业教学相结合的路径,在基本功训练课与剧目实践课中取得了一定的实践经验与成效。本文从思政教育的概念谈起,通过思政教育与民族民间舞专业课结合的经验,总结课程思政与舞蹈专业实践相融合、相链接的方法,希冀通过文章的总结与反馈,能够推动民间舞蹈教育与课程思政的充分融合,以能够达到课程思政在舞蹈专业领域全程育人、全面育人的目的。

【关键词】 课程思政;民族民间舞;舞蹈专业;基本功训练;剧目课

一、课程思政的概念与意义

课程思政这一概念指的是,在"立德树人"的根本任务下,建立起一种全员、全程、全课程育人格局的形式,并能够将各类课程与思想政治理论课协同发展的综合性教育理念。自 2004 年以来,为加强和改进未成年人、大学生思想政治工作的一种教育改革探索。在提出教育改革后,课程思政在各地区、各中小学的共同探索下,逐渐形成了以德育教育为主的一体化设计,并形成了横向贯通的第一课堂、第二课堂和第三课堂,即主课课堂、实践课堂与网络课堂,也就贯穿了学生的全部学习途径。在近十年的探索实践下,课程思政逐渐建立起了完善的实施制度、课程体系与教育资源,并在中小学的实践中卓有成效,在大学的课程里也建立起了"课程思政"的理念,并推出了"大国方略"等一批"中国系列"的课程资源。

推行课程思政是经济全球化、文化全球化下的必然选择。文化全球化必然带来文化的多元融合与意识形态的冲击,"课程思政"的方式能建立起全方位育人的有效途径,筑牢意识形态的高地,帮助教师在教书育人的过程中自觉承担起育人的职责与育人的功能。舞蹈课程作为现在绝大多数艺术类院校、师范类院校以及综合大学都开设了专业课程,以身体为媒介践行着艺术教育的职责,身体的语言更容易感化人、培养人、教育人,更容易帮助学生体验美、欣赏美、建立美的意识,"课程思政"的融入无疑能够帮助学生在身体教育的同时,构建起争取的世界观与价值观,以动态的身体作用于内在的心灵。并能够通过思想道德品质传递出来的精神力量,帮助学生理解舞蹈、热爱舞蹈、创造舞蹈。因此,在舞蹈专业课程中融入思政教育的相关知识,利用艺术的教育功能潜移默化地培养人、教育人,是未来舞蹈专业课与文化课相连的探索路径之一,也是提升舞蹈现实价值、发挥舞蹈现实功效的有益尝试。

二、课程思政与民间舞融合的探索实践

课程思政在中国民族民间舞的课堂上进行实践,是北京舞蹈学院中国

民族民间舞系教研组近些年一直在努力探索的。在创作剧目上，前有《井冈·井冈》以民间舞蹈的身体借助赣南民间舞蹈文化与经典的十送红军相结合，让学生们在一次次排练、演出的过程中把革命故事刻在了身上。后有《杨家岭的春天》在近两年大放异彩，以各种民间舞蹈的语汇特点，如秧歌、腰鼓，把鲁艺发生的故事和每个文艺工作者都应当熟悉的延安文艺座谈会，以演出的形式记录在了身上，深入地了解、并体会了一次延安文艺座谈会的背景、内容与价值。这些都是课程思政在第二课堂与舞蹈专业课程相融合的有力创举。除此之外，在第一课堂的实践教学中，同样有着课程思政的不断渗透。

在中国民族民间舞的基本功训练课上，教师采用口传身授的教学方法，帮助学生建立基本功训练的基本法则，在动作练习的过程中，将呼吸的法则融入基本功的训练体系中，从第一节课的课堂开始就融入了用呼吸带动身体、认识身体的授课原则，并在教授呼吸的过程中向学生讲授呼吸的文化来源，与我国传统文化"太极"和《易经》的联系，在教给学生认识身体的过程中，更向学生传递出身体文化的重要作用，比如身体能够带动情感，情感能够带动力的产生，从而更好地发力，在有了对身体的基本认识后，又在其中穿插讲解为什么中国革命能够用"秧歌"和"腰鼓"敲开胜利的大门，是因为身体文化中蕴含着丰富的精神共鸣，尤其是身体与传统文化息息相关，他们有共同的来源、共同的精神象征，因此能够调动起人民群众的巨大热情，由此就能够产生"新秧歌运动"这样重要的历史事件，让舞蹈发挥出巨大的历史作用。在了解了身体的重要性和实际功效后，再由高年级的学生进行示范教学，低年级的学生模仿训练，由此不仅加强了学生对于历史事件的深刻了解，还向学生渗透了传统文化的相关知识，更在课堂上完成了实践与认识的统一。

除此之外，在后续的课堂训练中，教师也在向学生时时渗透着思想政治的理念，比如基本功训练课的后续课程中就会涉及翻、腾、旋等练习，教师就会穿插进入戏曲的相关知识，戏曲与民间舞的关系，为何在民间舞的短句和组合中会出现戏曲舞蹈的技术技巧，是因为戏曲舞蹈的组成中原本就包含民间舞蹈，民间舞是保存我国传统舞蹈文化最完整的舞种，民间舞为了在民间吸引广大群众，采用技术技巧的方式提高舞蹈的观赏性和技术性，知识民间舞蹈的重要特征，在后来的文化发展中，戏曲舞蹈吸收了这种技术性融合创新形成了今天的戏曲舞蹈。因此，民间舞中含有的技术技巧会流入戏曲舞蹈之中，实则是这些技术技巧原本就来源于民间，可见我国舞蹈文化脉络的源远流长，相互交融，不可分割，共同构成了现在我们看到的丰富多彩的文化脉络。在向学生讲述技术技巧形成的过程中，教师还能够同时传授给学生技术技巧的演变与发展的过程，诸如串翻身在民间的形态、在戏曲中的形态以及现在在舞蹈中的形态，通过身体形态的对比，使学生直观地感受民间舞蹈的发展脉络和身体文化的多姿多彩，在学习技能的同时，对所从事的事业、对所身处的文化环境产生强烈的文化自信与文化自豪，从而更好地辅助他们未来发扬本民族的民族化，成为民间舞蹈文化的创作者与传承人。

剧目排练课在舞蹈专业实践中则更为直接的体现着"课程想思政治"的理念。中国民族民间舞的剧目作品本就是"深入生活、扎根人民"的创作传承，秉承的本来就是一脉相承的从人民中来到人民中去的创作理念，因此剧目课的排练除了是对经典作品的传承外，更是对一种文化品格和国家、民族、现实的情怀的学习与继承。例如，在《沉香》的排练过程中，教师不仅是对经典作品的动作教学，更是对学生认识乡土情怀、认识非物质文化遗产的重要作用，认识到人民之于艺术创作的作用，之于国家的作用，让他们在舞蹈的过程中不仅感受到舞蹈的激情，还要感受到民间舞的魅力和成为取之于民、用之于民的人民艺术家的重要性。基于这样的课程感受，学生能够更加理解为什么要进行剧目排练课的学习，更加理解老艺人对舞蹈文化的热爱，更加理解保护民间舞蹈文化的责任与重担。

三、课程思想政治助力舞蹈实践的价值体现

党的二十大报告中指出，我们要全面贯彻党的教育方针，落实立德树人根本任务，培养德智体美劳全面发展的社会主义建设者和接班人。"美"的教育是建设接班人的重要一环，新时代以来，我们一以贯之地在不断落

实思政课程建设，在各个维度加强学生的思想品德教育，使学生树立良好的世界观、人生观和价值观，并能够自觉传承和创新中华优秀传统文化，使学生成为合格的建设者和接班人。舞蹈文化正是中华优秀传统文化的重要载体和体现，优秀的舞蹈文化中蕴含着人民的发展历史、文化的发展脉络、历史的运动轨迹，他们是中华文明最好的见证者。而优秀的舞者也必须用正确的三观武装头脑，才能将艺术性与精神性完美融合，以塑造人民喜闻乐见的人物形象。

课程思政助力舞蹈实践，能够帮助学生提升对舞蹈的全面体认。课程思政的融入不仅是舞蹈课堂帮助思想政治课的具象化体现，更是对助力演员学习与表演能力提升有着重要的价值体现。我们熟知舞蹈演员大多是自小挖掘培养的专业舞者，他们从小进入附中学习，本就缺乏对社会和人生的认识与理解，在舞蹈时难免出现理解上的偏差与认识上的不足，课程思政的融入，恰好能够弥补这种认识上的缺陷。通过舞蹈中反映的故事，学生一方面在表演给观众，另一方面也在表演给自己，他们也在红色的故事和身体的魅力里不断地学习、不断地补充，在耳濡目染下，才能对我党的历史、我国的文化形成完整的认识，从而在表演中渗透自己的真情实感，帮助观众认识其中的人物形象。透过舞蹈实践中的思想政治学习，也更能够将那些只可意会不可言传的真情实感教给学生，避免了教师讲述情感的不到位和不贴切，也为舞蹈排练的情感体现提供了便利性，从而使学生更完整的把握舞蹈文化或舞蹈中渗透的历史文化，提升对舞蹈的认识。

课程思政助力舞蹈实践，能够帮助学生加强对身体的认识。舞蹈中常有一些难以言表的实践特征需要学生认识，又无法准确地言传，例如前文中提到的身体与呼吸的关系，实践课上很难具体地讲清楚呼吸具体应该怎样流动才能更好地认识身体，但是可以通过课程思政的手段，借助传统文化的方法帮助学生认识呼吸存在的价值和意义，进而更好地运用呼吸了解自己的身体，控制呼吸增强舞蹈的表现力。我们可以通过跟学生讲述《易经》中对于阴阳的解释，了解中国传统文化和传统哲学对于阴和阳的体悟，从而更好地理解为何在呼吸中逢上必下，欲扬先抑，再通过太极的动势，帮助学生了解身体的发力方式，以传统文化的脉络帮助舞蹈文化的贯通，既实现了思政对于传统文化的要求，又完成了舞蹈实践对于身体探索的目的。

  对于高校来说课程思政需要将政治认同、文化自信、人格培养等具体的思政元素与各类课程的专业知识和技能进行深度融合，以促进高校学生在发展专业的同时实现身心的协同发展，最终成长为一个政治素养过硬、专业能力强、心理健康发展的社会主义人才。舞蹈院校作为培养新时代所需要的舞蹈人才的重要场所，更要在兼顾学生专业发展的同时，兼顾思想政治的建设，努力让学生成为一个能全面满足社会各方面需要的全方位发展的舞蹈人才。课程思政的运用就必须与专业课紧密结合，我们也亟待不断寻找与课程思政相接轨的教学方式，在提升专业教学水平的同时，助力思想政治的全面发展。

课程思政在田野调查课中的探索与创新

朱 律

中国民族民间舞系民俗教研室主任、北京舞蹈学院副教授

【内容摘要】2017 年度北京舞蹈学院中国民族民间舞系开设田野调查课作为本科生一年的专业必修课程,该课程由邓佑玲教授、黄奕华教授和笔者共同授课。本课程的开设基于舞蹈表演专业"精英人才"的培养需要,是在文化人类学理论指导下,引导学生深入生活,关注社会,体察民情,进而获得全面的文化认知和文化理解的理论与实践相结合的课程。以专业课程教育与思政教育结合的方式,培养学生对于中国优秀传统文化的认知与传承创新的自觉意识,以及作为社会人的责任感,并从大教育观理念贯穿在课程教学的各个环节。

【关键词】田野调查课;中国民族民间舞;课程思政;探索与创新

一、田野调查课的开设缘由

2011 年,北京舞蹈学院开始实行学年学分制培养方案的改革与试行,中国民族民间舞系在此基础上,建立了新的学年学分制人才培养方案。2016 年,依据中国民族民间舞系课程特色和人才培养目标,重新修订了"舞蹈表演专业"人才培养方案:"旨在培养热爱舞蹈艺术,具备高水平专业能力、良好的道德品质和较高文化素养的舞蹈表演精英人才。本专业学

生应精通中国民族民间舞的专业技能和不同表演风格,掌握舞台表演的基本方法和规律,具有弘扬民族舞蹈文化的使命感。本专业毕业生能够从事高水平的舞蹈表演及相关专业教学工作,并能在表演艺术领域进一步拓展和提升自身的学习、研究和实践能力。"[1] 对比 2011 年舞蹈表演(中国民族民间舞)本科人才培养方案,"培养具有良好道德品质、较高文化素质,专业技能过硬的中国民族民间舞(舞剧)演员、优秀表演尖子人才,以及中国民族民间舞教育人才"[2]。2016 年的培养方案将"表演尖子人才"修改为"表演精英人才",并且去除了"舞剧"演员培养的定位,而是强调了人才在精通专业技能基础上的综合实践能力。

2016 年的人才培养方案中的教学指导计划,下设公共必修课、专业必修课、实践必修课和选修课四部分,不但调整了各种课类之间的划分和课时比例,还新增设了一些专业必修课。

表1 2011 年和 2016 年专业必修课对比

2011 年专业必修课	2016 年专业必修课
中国民族民间舞基础训练(1—6)	中国民族民间舞基础训练(1—5)
中国民族民间舞传统组合(1—2)	中国民族民间舞传统组合(1—2)
舞蹈基本功训练(1—6)	舞蹈基本功训练(1—6)
中国民族民间舞教学剧目(1—5)	中国民族民间舞剧目(1—6)
中国民族民间舞教材分析(1—4)	中国民族民间舞教学法
中国民族民间舞教学组合编排	中国民族民间舞即兴
中国民族民间舞教学法	田野调查
中国民族民间舞动作分析与编舞(1—2)	中国民族民间舞动作分析与编舞(1—2)
中国民族民间舞蹈概论	中国民族民间舞蹈概论

2016 年的专业必修课,删除了"中国民族民间舞教材分析"和"中国民族民间舞教学组合编排"两门课程,新增加了"中国民族民间舞即兴"和"田野调查"进入专业必修课表。2016 年以后,中国民族民间舞系专业发展的重点在于教学实践机制的改革与创新,开始注重提升人才的文化素养与专业创新能力。因此制定了具有中国民族民间舞专业特色的课

---

[1] "2016 年舞蹈表演(中国民族民间舞)本科人才培养方案"有关培养目标。
[2] "2011 年舞蹈表演(中国民族民间舞)本科人才培养方案"有关培养目标。

程体系：第一，专业主干课程，包括表演特色课程、教学法课程与创作类课程，具体内容为"中国民族民间舞基础训练、中国民族民间舞传统组合、中国民族民间舞教学剧目、基本功训练课群、中国民族民间舞教学法课群、中国民族民间舞动作分析与编舞、中国民族民间舞即兴"等。第二，中国民族民间舞选修课程，主要提升学生个人的专业特色，具体内容为"中国民族民间舞表演训练、中国民族民间舞道具技巧、中国民族民间舞打击乐技巧、中国民族民间舞音乐赏析、'一带一路'国家传统舞蹈课程"等。第三，舞蹈基础理论课程，加强学生的文化修养，具体内容为"中国民族民间舞蹈概论、田野调查、中国美学史、中国现当代舞蹈史、舞蹈概论、舞蹈作品赏析"等。

2017年田野调查课程作为一门专业必修课针对本科学生开设。其实，"田野调查"这门课程，北京舞蹈学院的王昕、李莘、闫晶等教师曾经开设过，主要是作为全院研究生和部分本科生的选修课，同时赵铁春主编的《与民共舞——中国民族民间舞田野工作与应用研究》一书也可作为参考。但是本次依据教改方案，将田野调查课作为本科生专业必修课纳入主干课程中还是第一次，也足见这门课程的重要性。田野调查课程的开设，一方面，依据中国民族民间舞蹈人才培养需求，为学生补充相关的专业知识与实践能力，众所周知田野调查作为一种文化人类学的调查方法与中国民族民间舞蹈的表演、教学、创作息息相关，回到民间的采风调研，是艺术院校进行艺术教育与创作的源头活水，必不可少；另一方面，通过课程的开设解决学生缺乏田野调查经验和社会实践能力的问题，培养学生的大局意识和爱国情怀，对于中国优秀传统文化的认知与传承创新的自觉意识，以及作为社会人的责任感。因此，田野调查课程的开设也是"课程思政"意义贯穿于舞蹈专业课堂的探索与创新。

二、田野调查课的界定与实施

（一）课程的特性

"田野调查"课程是在文化人类学理论指导下，引导学生深入生活，关注社会，体察民情，进而获得全面的文化认知和文化理解的理论与实践相结合的课程。课程内容包含田野调查基本理论，田野调查目的与意义，调查的前期准备、对象选择，调查过程中实际操作方法，调查材料的搜集与整理，调查报告的撰写等内容。主要指导学生从理论和实践两个方面认知田野调查的研究方法。

（二）课程的教学目标

课程每周2课时（90分钟），一共持续18周，共计36课时。通过课程一方面，引导学生走出校园、深入民间、深入生活大课堂，挖掘、了解、体验中国民族民间舞的动态文化，以丰富的舞蹈文化增强学生的舞蹈文化自信和专业自信，促进学生的专业学习、创作与研究；另一方面，引导和鼓励舞蹈专业学生跳出舞蹈专业领域，关注、深入学校和社会大舞台，引导学生关注其身边的社会变化，使学生在参与社会、了解社会中成长为社会人，增强其社会责任感和使命感，完成立德树人教育根本任务。以专业课程教育与思政教育结合的方式，培养学生对于中国优秀传统文化的认知与传承创新的自觉意识，以及作为社会人的责任感。将大教育观理念贯穿在课程教学的各个环节。教学目标具体有以下三方面。

首先，培养学生田野调查的能力。通过课程的学习，学生能够以个人或者团队形式完成一次完整的田野调查；能够掌握调查的研究方法，并且在调查中具备应急处理的能力；能够熟练掌握调查过程，包括前期策划、中期调查和后期数据研究；能够具备分析调查材料的能力，撰写田野调查报告。田野调查课更加注重的是通过人类学已有的理论依据和科学的理论方法，训练学生逻辑思维、理论思维的能力，培养严谨的学术态度。同时能够结合中国民族民间舞专业特色，熟悉田野调查对象的社会环境和人文环境，建立问题意识，通过田野调查方法学习舞蹈、记录舞蹈、分析舞蹈等，尽快获得掌握一手、二手资料的能力。

其次，提高学生观察社会、发现问题、解决问题的能力。在课堂的调查实践环节，了解学习中国传统文化，关注身边的问题，培养学生的社会意识、观察能力、发现问题与解决问题的能力。

最后，提高学生的思想境界。一是通过课程引导学生了解在中国共产党领导下中国社会发生的历史变迁，特别是新中国所取得的巨大成就，增强学生"四个自信"意识。二是根据课堂讨论与分析，寻找对于社会生活建设有价值、有意义的问题开展调研，同时积极响应时事政策，关注本专业目前存在的问题与困惑开展调研，使得学生的调研成果能够真正做到服务社会，一方面使得调研结果的意义扩大化，另一方面增强学生的获得感与成就感，提升关注社会、走向社会的意愿。三是通过课程厚植爱国主义情怀，把爱国情、强国志、报国行自觉融入坚持和发展中国特色社会主义事业、建设社会主义现代化强国、实现中华民族伟大复兴的奋斗之中。

（三）田野调查课的实施

1. 课程教学内容

本门课一共包括七个单元的内容：第一单元为田野调查的概念及理论，介绍何为田野调查。中国民族民间舞田野调查的概念、特性，进行田野调查的方法。第二单元为田野调查的准备工作。田野调查者应具备的素质和能力、田野调查组的构成，田野调查的前期策划与资料准备，田野调查装备的购置及预防事项，田野调查选题、选点，田野调查纲目撰写、调查日程表的制作等。第三单元为田野调查的方法和技术，重点讲授田野调查的操作方法。第四单元为田野调查的案例分析，通过以往的田野调查实例分析，使学生熟悉调查过程，了解调查的重点和难点，在场景中模拟田野调查的过程，并加以操作点评。第五单元为田野调查的课堂实践。这是实验教学环节，一方面教师带领学生分组确定调查选题，通过课堂实践性质的外出调研，锻炼操作能力，教师在调研中给予调研内容、方法的指导；另一方面进行现场访谈的训练与指导，通过两个内容的结合提升学生的实地调研操作能力。第六单元为田野调查报告的撰写。将实地调研获得的资料进行整理和分析，学习撰写田野调查报告。第七单元为田野调查的创新运用，讲授田野调查的时代性与艺术性，通过个案讲解的方式将田野调查的研究方式与时代主题、艺术主题相结合，研究创新的调研方式。

2. 课程教学方法

该课程授课方式为以学生为主体的互动式教学，即学生以小组为单位，在教师引导下，针对课程内容进行自主讨论、比对研究学习，教师在学生遇到问题时给予充分鼓励，并指导学生从书本中、实践中获取答案，得到能力的提升。

教学流程：(1) 教师讲解、个案分析；(2) 课下作业、课堂回课；(3) 互动教学、历练表达；(4) 问题意识、自主解惑；(5) 公开考查、真实评价。

理论方法：(1) 理论与方法讲授，讲授田野调查研究方法运用于舞蹈调查的方法；(2) 案例分析法，以中国民族民间舞系田野调查实例开展分析；(3) 场景模拟法，课堂组织调研小组进行场景模拟，训练学生的实践操作能力；(4) 实地调研法，将外出调研纳入课堂实践之中，通过北京地区、学校周边的课堂实践，促使学生在应用中真正掌握操作方法。

田野调查课创新教学方法的意义在于它是针对教学方式的一次探索，也是针对教学成果检验方式、期末考核方式与评价体系的探索研究。

（四）田野调查课的考核

田野调查课的考核方式分为日常考核与期末现场考核。日常考核占总成绩的50%，通过在授课过程中的知识问答形式考核学生对理论知识掌握、理论应用的综合能力；通过作业形式的田野调查报告考核学生的选题、案头准备、组织分工、经济预算、调查报告撰写能力。期末现场考核占总成绩的50%，通过现场访谈考核学生对访谈方法的运用能力、交流能力、提问能力；通过口述结合视频的形式展示调研成果，考核学生田野调查整体能力、团队合作能力、学术思考能力、语言表达能力。田野调查课程的设计，首先根据教学目标和教学对象，选择课程教学内容；其次以学生的专业与综合能力培养为核心原则，设立考核规则；最后依据考核内容进行每节课程的设计。

图1 考核方式创新：学生模拟田野调查过程，现场访谈潘志涛教授

三、课程思政在田野调查课中的探索与创新

2016年习近平总书记在全国高校思想政治工作会议上强调："要把思政工作贯穿教育教学全过程，实现全程育人、全方位育人，努力开创我国高等教育事业发展新局面；要用好课堂教学这个主渠道，各类课程都要与思想政治理论课同向同行，形成协同效应。"[1] 本着"守好一段渠，种好责任田"的教育目标，结合现阶段高校教育实际，如何真正把"课程思政"与艺术院校的专业课相结合，使"课程思政"能够真正落到实处，贯穿到整个课程教学环节是有效开展高校思政工作的重点与难点，于是在田野调查课的行课过程中，负责课程的邓佑玲、黄奕华与笔者三位教师进行了初步的探索与尝试。

（一）提升教师的"育人"意识和"育人"能力

首先，任课教师要能够领会国家的发展目标与教育政策，从大教育观的角度将思想观念设计融入课程的各个环节。在课程的顶层设计上就具备宏观的视野，把专业知识与国家局势和人才培养方针相结合，而不是仅仅局限在某一专业课程的内容设计上。其次，在授课过程中加强对学生意识形态的引导，将思政教育意识渗透到课程教学设计的备课、教学目标、教案、课堂问答、考试等各个环节中。最后，在日常注意加强学习，从根本上转变专业教师对于思政教育的重视程度，并从课程的设计和实施过程入手，贯穿思政教育意识。同时，在行课过程中，发挥教师的育人能力，使课程设计的内容更加清晰，且更加生动、有趣。

（二）结合课程内容，挖掘思政教育元素

课程思政的重点是在本专业课程中，挖掘思政的元素，并将这些元素消化容纳在授课的细节之中。专业教师往往不是没有思政意识，而是不清楚思政教学的方法。常见的几种课程思政方式：（1）生切。在教学过程中生硬地植入爱国主义教育的案例、名字。（2）口号式说教。带领学生念口号、喊口号。（3）生搬硬套。专业知识内容与爱国信仰或理念生硬地结合等。

以上的三种方式，都没有在设计具体的教学内容中，将思政教育与专业教育有机融合起来。生硬的、口号式的教学方式并不能够唤醒同学们内心的爱国热情和社会责任感，反而会使学生产生逆反和厌恶的心理。此外，专业教学知识点是本位的，而思政教育是辅助与融入，不能把"思政课程"与"课程思政"的概念混淆。田野调查课程，尝试了挖掘课堂中可能发生的思政教育元素的做法，例如巧妙地运用作业回课的教师点评环节，教师通过对学生调查案例的分析，用唤醒、提示的方式引导学生，往往比"讲道理"的教学方式能产生更好的效果。

（三）创新教学方法，增加田野调查的趣味性

教师授课的思路从注重专业知识教学的角度转变到更加注重课程本身的教育功能，这是课程思政进入田野调查课堂带给教师教学逻辑的变化。我们从开始就放弃了"说理、讲课、教育"式的思政教育方法，而是通过设立一些与学生生活息息相关的内容引导学生主动学习、寻找答案。田野调查是一种教授研究方法的操作性课堂，那么在调研问题的设计上就显得尤为重要。

设计什么样的问题学生会有兴趣？调研问题的范围边际是什么？调查问题的先后次序和相互关系是什么？我们期待学生回复什么样的作业？我们如何评价学生的作业以及后续的引导问题等，这些都是教师去思考的问题。

考虑到课堂的吸引力，趣味性是最重要的设计，把握住三方面的内容：（1）知识点的困惑与解答；（2）人生理想与职业规划；（3）学习与生活平衡。在2017年至2019年的教学过程中，学生对以上三个方面表示感兴趣，所以田野调查课堂首次将"调查对象"从"中国民族民间舞的田野调查"的概念移植到了"身边的田野"这一概念。我们的田野调查对象可以是身边的人、事、环境等众多调查对象。这样使得田野调查的现场教学和课堂实践变得更加可行，学生对调查对象的关注度与调查的主动性都有所提升。教学方法的设计，则是通过实体课堂讨论、分析、访谈、实验、游戏、竞答等，与线上课堂"雨课堂"等多场景、多媒体教学手段的结合运用来调动课堂气氛，增强师生真实、有效的互动，从而帮助教师牢牢吸引住学生，这也解决了上课"抬头率"低的问题。

对于课堂手机的使用，没有刻意回避，而是将其作为多媒体互动工具，参与到看课件、速记、抢答、互动中来。根据课堂的教学反馈，学生多数能够客观地运用和看待手机，告别近年来手机是理论课堂"天敌"的印象。提升学生学习的积极性之后，教师适度引导学生关注民生、民意等社会问题，通过传播正能量的授课内容与推己及人的思想，引导强化社会主义意识形态教育。

图2　2016级学生在紫竹院公园实地调研后与采访对象合影

图 3　主课教师与学生外出调研

（四）2018—2020 年课堂实验教学案例分析

在 2018 年和 2019 年两年的田野调查课实验教学环节中，有意识加入思政教育元素的引导。按照课程设计，田野调查课有一个单元内容是实验教学环节，由师生共同拟定田野调查问题并进行相关调查。

【2018 年课堂案例】

讨论问题 1：关于宿舍生活的问题（断电时间、安全隐患等）。

讨论问题 2：如何协调专业学习与社交活动的时间分配？

讨论问题 3：有关校内选修课选课方案的探讨。

讨论问题 4：如何充分利用大学在校时间？

讨论问题 5：为什么有些大学生入学后会失去学习兴趣？

讨论问题 6：专业训练不慎受伤时，如何做有效的应急处理？

讨论问题 7：选修课是选择自己喜欢的课，还是选择有益（用）的课？

讨论问题 8：舞蹈在大众群体中的影响力探讨。

讨论问题9：大学与中专学习的不同之处。

讨论问题10：外国留学生在上舞蹈专业课时遇到的困难。

以上10个问题由同学们先进行分组讨论，然后与教师一起集体商议挑选出10个同学们最关心、最想调查的问题。在这一轮的讨论中，教师培养学生的问题意识，鼓励学生自主发声，通过课堂讨论中分析问题，并尝试提出解决问题的方案。面对可以解决的问题，大家集思广益研讨出答案；面对不能马上解决的问题，引导学生看到问题背后的复杂性和关联性，更加综合、理性地去思考和接受问题，逐渐独立和成长起来，拥有个体对知识、学校和社会的判断能力，教师把握与引导学生道德观、价值观与人生观的建立。

图4　2017级表演班田野调查课程合影

【2019年课堂案例】

问题1 "争做首都街区规划师"

通过对紫竹院社区的街区规划进行考察与调研，例如魏公村街区的变化与发展等，鼓励师生具备国家"主人翁"意识，明确社会公民意识与责任义务，从学术研究走向大社会、关注社会，成为有社会情感的合格公民。同时，敢于提出个人对生活与美的诉求，积极参与社区建设，提出街区合理规划建议，为街区建设建言献策。

问题2 "校园环境建设的满意度调查"

针对北京舞蹈学院校园生活环境的满意度开展调研，了解师生对于校园生活环境建设的需求与意见。为校园建设、师生校园生活质量的提高做出贡献。

问题3 "以民族舞蹈为主体的国际舞蹈节调查"

针对目前正在举办的国际舞蹈节开展调研，关注和了解国内外以民族舞蹈为主题举办的舞蹈节活动的主旨、组织运行、参加情况等，有益于师生了解世界国际舞蹈节的情况。

问题4 "观众对舞蹈演出的观后感调查"

——进入剧场，在舞蹈演出结束后，对观众的观后感进行调查。本次调查主要采用现场访谈的方法，针对不同的对象和人群进行现场访谈，调查出观众对舞蹈演出真实的喜爱程度，了解观众的观演需求。

2019年，学生的田野调查对象，从校园转移到首都街区、国际舞蹈节等与校外具有更紧密相连的社会环境，通过田野调查课，教师和学生一起走出校园，关注社会和周边环境，发现问题、调查问题。田野调查课的调查对象，逐渐从对舞蹈的关注、身边人的关注，过渡到对于北京的关注与国际的关注。这一调查思路的课程设计主线，就是课程思政的渗透与结合，从校园学术研究走向社会产能，这是人文学科教学成果最有效的转化方式，其中注入了科学思想的能量，从而使专业教学的意义从学生获得专业知识拓展到服务于社会的行为发生。

【2020年课堂案例】

讨论问题1：抖音对艺术类专业大学生生活有哪些影响？

讨论问题2：舞蹈在新冠疫情期间发挥了哪些作用？

讨论问题3：新冠疫情期间民间舞系学生对于在线学习的感受调查。

讨论问题4：高考生与本科生在课后的自学方法调查。

讨论问题5：大众对于舞蹈的认识程度与看法。

讨论问题6：新冠疫情期间舞蹈专业大学生在家高效学习方法调查。

讨论问题 7：新冠疫情对于艺术生的影响。

讨论问题 8：艺术生和普高生网络上课和在校上课的利弊调查问卷。

讨论问题 9：大众如何看待"娱乐性"舞蹈和"专业性"舞蹈调查问卷。

以上 9 个问题，是 2019 级同学们在 2020 年面对新冠疫情网课的选题。从在线课堂的学习效果来看，主课教师观察到同学们这一门课的学习质量还是不错的，并没有因为课堂形式的改变而放慢前进的步伐。从选题角度来看，同学们能够和时代相连，面对新冠疫情对于人们生存的挑战，通过自身所学，观察和研究舞蹈在新冠疫情期间的社会功能，这无疑将艺术的社会作用放到了研究问题中；同时，同学们还能够观察到抖音这样当下热门的社交媒体对于艺术类专业学生的冲击和影响；以及关注高中生、本科生、大众、高考生等研究对象。我们发现，2019 级的同学们更加关注同龄人的社会角色的考察和发现，更加注重"身边"和"当下"，并且能够将个人命运与时代、国家相连，去考虑舞蹈专业能够为身边人、为国家做些什么，这是非常好的课程思政教育成果。这课程的教育理念，不是教会你爱国、爱社会的道理，而是培养学生自发的，从国家主人翁的角色出发，运用田野调查的系列方法，去对社会热点现象进行认知，探索解决方法，提出有益的建议，反映实际情况，解决实际问题是出发点，这种"务实"的态度也是课程思政理念在课堂中的贯穿。从《2019 级田野调查报告》这一研究结果来看，同学们已经能够掌握实地调查、文献资料查找、深入访谈、影视频拍摄记录等调查方法，并且运用数据统计、调查问卷、文献分析等方法进行调查内容的研究。

图5　新冠疫情期间，2019级表演班学生田野调查报告摘选

四、结　语

田野调查课程在文化人类学的理论指导下，教授学生田野调查的方法，进而在实践中获得全面的文化认知和文化理解。面对课程设计，我们不得不考虑艺术教育的真正目的，是获得一份优异作业的答卷，还是探索拓展学习感受力的过程。这里涉及教育的价值取向。对于传统文化的传承、挖掘确实非常重要，然而对于教育而言，学生感受力、逻辑训练和思维拓展能力的培养更能激发学术想象力与未来创造可能。超越功利主义的"知识"获得，升华为对人灵魂的塑造，是教师发挥"人类灵魂工程师"的重要使命。田野调查课的开设对于学生田野调查方法，包括资料查找—确立调查对象—调查计划论证—调查执行—调查总结等经验训练是第一层面。对于学生创新素质、辩证思维与自学能力的培养是第二层面的要求。对于融入和坚持中国特色社会主义事业、建设社会主义现代化强国和实现中华民族伟大复兴是第三层面的要求。

目前，在田野调查课程中还存在一些需要解决的问题。比如，学生从感性认识上升到理性学习的层面还稍显不足，特别是在制定计划和执行过程中的可行性分析与论证的过程还不够充分，需要在后续的课程中加强这一环节的训练，这些来自课程实践的经验将在后续得到进一步的提升改进。

参考文献

[1] 中国政府网. 全国高校思想政治工作会议12月7日至8日在北京召开[R/OL]. http://www.gov.cn/xinwen/2016-12/08/content_5145253.htm#1. (2016-12-08)[2019-6-1].

[2] 赵铁春. 与民共舞—中国民族民间舞田野工作与应用研究[M]. 上海：上海音乐出版社，2016.

[3] 英国皇家人类学会编. 田野调查技术手册[M]. 何国强，等译，

上海：复旦大学出版社，2016.

[4] [丹] 海默，[丹] 曹诗弟主编. 在中国做田野调查 [M]. 于忠江，赵晗译. 重庆：重庆大学出版社，2012.

[5] 柒万里，俞崧，黄建福. 艺术田野调查法 [M]. 南宁：广西民族出版社，2013.

[6] 赵铁春，王昕. 与民共舞——"田野作业"对中国民族民间舞学科的意义 [J]. 北京舞蹈学院学报，2004.

专业院校舞蹈教学融入课程思政的重要性

池咚咚

中国民族民间舞表演与创作教研室主任、北京舞蹈学院副教授

【内容摘要】 新时期，如何将课程思政元素有效融合舞蹈教学，落实立德树人根本任务，是舞蹈专业教师应该重点研究的问题。文章首先论述专业院校舞蹈教学融入课程思政的作用，接着分析舞蹈教学中团结精神、爱国主义、竞争意识等思想政治的有效融入，最后重点从育人观念、思政内容、方式和手段提出了一些有效的思政要素融入策略。

【关键词】 专业院校；舞蹈教学；课程思政；融入策略

舞蹈作为艺术课程的重要组成部分，能直接展现当下事物的真善美，将理想要素和思想政治因素有效结合，能体现舞蹈本身的亲和力，舞蹈教学的内容更为多元化，激发学生的情感要素。课程思政在高职院校舞蹈教学中的有效融合，以更具人性化的思维思考和总结，选择学生喜欢的方式开展教学活动，给予学生一定的思想启发和引导，打造专业院校思政课程新格局。

一、专业院校舞蹈教学融入课程思政的作用

1. 为学生职业发展提供动力

舞蹈工作者不仅要重视基本的舞蹈技能，还要重视学生人文意识的发

展。思政要素的有效融入,为学生学习舞蹈知识提供动力,反映学生未来的职业趋向,应该对学生进行有意识的政治教育,着重关注学生未来的发展情况,实现学生道德建设和培养目标。

2. 符合立德树人的育人目标

专业院校是培养技术型人才的重要场所,以立德树人为中心,对学生进行正确的思想引导,始终围绕着思政品德开展教育,通过优秀的传统文化帮助学生树立正确世界观、人生观、价值观,做优秀的舞者。学生掌握的舞蹈技能和知识,巧妙融合传统文化,将党政知识融入其中,落实"立德树人"的育人目标。

二、专业院校舞蹈教学融入课程思政的内容

1. 团结协作精神

舞蹈分单人、双人和多人舞,尤其是在舞蹈赛事中,需要舞者之间默契配合,相互交流,才能呈现出最好的效果。因此,教师有意识引导学生树立团结合作的良好意识,将学生作为教学主体,掌握知识传递的主动权,形成团结合作的良好品质。对此,教师为学生构建思政知识渗透于的良好环境,让学生无形中感受团结、合作的意义。

2. 传统文化的运用

舞蹈作品不仅有着极强的感染力,还能引发学生在情感上的共鸣,形成良好的思想意识。所以挖掘、渗透对传统文化的学习,是现阶段专业学生思政教育的有效手段,以更为柔和的形式达到高效育人的目标,所以无论是舞蹈教学、创作,或者是思政教学,都应该以认知传统文化为依托,通过不断的学习和积累,再对其进行认知上的再创造。并对学生起到潜移默化的育人效果,使得学生更贴近人民与生活,真正体会到传统文化的魅力与精神力量。

首先,本人作为《"为人民而舞"——贾作光先生百年纪念演出》的执行导演,在整个创作排演过程中,使我从感性和理性的层面领略了贾作光先生波澜壮阔的舞蹈人生。贾老师闪亮在中国舞蹈前行之路上"百年之

光"的磁场和光源，使我从中受到深刻的启发，对本人自身教学、创作思想等方面产生了积极的影响。同时，感受到学院、系部守正创新培根铸魂、致敬先贤继往开来的浓浓情怀和博大胸襟，作为晚辈深感有荣。

其次，从艺术的层面对贾作光先生的创作作品进行了一次有效且必要的抢救和整理。在实际创作排演的过程中，使我再一次体会到，基础教育在传承过程中起到的重要意义，是每一部作品的核心所在。而对贾老师作品的抢救、复排、再现过程践行了"创造性转化创新性发展"的理念。通过创作排演的点滴思考与积累，提炼了贾作光先生毕生沉醉的艺术境界——观察生活、体验生活、表现生活；其毕生追求的精神境界——人民性、时代性、艺术性也将不断地激励我前行。

三、专业院校舞蹈教学融入课程思政的有效策略

1. "以人为本"，更新舞蹈教学理念

新时期背景下，"立德树人"成为专业院校教学改革的重点，明确思政教学的内容、任务，也在实践中提出了一些系统化的育人方法。舞蹈教师摒弃陈旧的教学模式，围绕着"以美育人"的理念，回归课程根本，实现舞蹈教学和思政元素的有效结合，展现艺术类课程的多维性特点，将理念、新行为延伸到更高的层面，促进学生个人素养的发展，为推动社会和谐发展做好充分准备。

舞蹈教育的出发点是"育人为本"，尊重学生的主体意识，让学生拥有和谐、完整的人格，满足学生对舞蹈理论和实践知识的客观需求，促进学生舞蹈技能、专业能力的发展。对于学生的基本情况，以及思维特点，尝试着探索多元化的教学模式，营造良好的学习氛围，有计划、有目的引导学生积极成长，为社会培养出更多德才兼备的高素质优秀舞蹈人才。对此，教师积极和学生交流，给予学生情感和人格上的尊重，鼓励学生实现自我价值，根据学生的乐感、艺术表现力、协调力、思维能力，进行因材施教。教师基于因材施教原则开展针对性的授课活动，激发学生主体意识的发展，使学生潜能得到最大限度体现。

2. 挖掘红色资源，丰富舞蹈课程思政的育人内容

专业院校思政教育和人文艺术教育的融合，巧妙结合红色资源对学生进行思想和行为上的教育。舞蹈教学不仅是单纯的技巧，还包含了情感，教学要综合考虑其中的情感要素。我国革命时期有许多优秀的舞蹈作品，红色舞蹈资源能最大限度地丰富舞蹈教学的内容，学生观看视频的时候，让学生记住作品中人物的性格、特点，这样在表演的时候才能展现出强烈的共鸣，不可忽视任何一个细节和场景，认识情感是舞者的核心，学生感受群众热情和革命队伍的联系，激发学生更加爱国、爱党。

舞蹈的发展不会局限在某个固定的层面，而是以更为广阔的方式传承民族精神，教师利用红色文化要素对舞蹈教学内容进行深度挖掘。例如，通过舞蹈语言表达革命时期红军展示对美好生活的向往之情，展现舞蹈特有的艺术内涵，培养学生的爱国情感。无论是何种形式的艺术表达，都应该在固定的文化视野中，实现文化精神和文化内涵的融合，展现独特的艺术风格，拓展舞蹈专业教学的影响力。红色文化要素与舞蹈专业的融合，更好地诠释文化内涵，让学生感受舞蹈艺术的独特魅力，提升学生的舞蹈技能。对此，教师应结合专业院校的教学情况，设计合适的教学情境，让学生感受舞蹈红色资源的独特魅力，提高学生对传统文化的认同感。

3. 利用信息技术，拓展课程思政的融入途径

"互联网+"教育环境下，学生习惯利用网络媒介获取资源，实现信息交流，思想感悟。学生接触的信息愈多，他们的思维愈为活跃，对待某些事物有独特的见解和认知。新媒体作为一种全新的教学工具，引导学生从不同角度分析舞蹈知识，以更为积极的心态学习和成长，为学生构建良好的学习情境，相互交流和沟通，凭借新媒体的独特优势，学生随时观看视频、音频，直观了解自己学习的内容，更好地实现知识融合，深化学生自身的感知能力，提高教学效率和质量。

新时期高等院校舞蹈教学的创新发展，需要教师关注理论知识和实践工作的深度融合，作为一门艺术类课程，教师认识学生实践能力发展的重要意义，除了日常教授专业的理论知识外，还要以发展的创新、创造能力，通过网络实践的方式提高学生的情感认知能力。教师发布对应的学习

清单，采用视频、音频等形式，实现舞蹈知识和思政要素的有效结合，例如课外录制视频，选择和课堂内容相关的爱国主义情境，包括红色基因的元素，将涵盖思想政治要素的教材，应用于舞蹈历史、舞蹈理论知识。丰富多彩的背景知识让学生感受舞蹈的独特魅力，鼓励学生不断探索和实践，促进学生科学素养的提高，还能激发学生学习兴趣，养成自主阅读和交流的良好习惯。

4. 组织舞蹈实践活动，深化思政教育的内涵

思政教育工作在社会实践中的有效结合，具有广泛性和渗透性的特点，凭借多元化的思想理念，鼓励学生积极创新和实践。教师从社会层面促进学生思想意识的发展，不断拓宽和优化思政教育的内涵，例如组织学生课外实践活动，对其进行道德教育，让学生具备明辨是非的能力。例如，《杨家岭的春天》《唱支山歌给党听》《那些故事》《"为人民而舞"——贾作光先生百年纪念演出》等舞蹈作品创作排演，均为学生提供自我展示的平台，增强学生自信心，形成积极、健康的人格品质。

5. 提高教师的艺术水平和艺术修养

只有高素质的教师才能培养出优秀的舞蹈人才，尤其是对于艺术类的教师，不仅要懂思想政治，还要懂艺术，通过灵活多变的教学模式，增强教师工作的渗透力和参与感。对此，专业教师要提高自身的授课水平和艺术修养，确保舞蹈教学工作的适应性。首先，教师阅读和舞蹈专业相关的作品，利用网络媒介接受最新的艺术信息，聆听艺术讲座，观看舞蹈专业演出，拓展自身的艺术认知范围，认识艺术修养的提升是长期且系统的工作。教师利用校内、校外资源，将人文素养延伸到人格魅力，贯穿于舞蹈理论教学的各个方面，实现思政知识和舞蹈教学的深度融合，对教师开展舞蹈教学工作起到事半功倍的育人效果。其次，教师以时代化的语言感染学生，实现和学生的共鸣，通过情感上的交流，渲染教学氛围，实现课程思政的有效渗透。最后，教师积极和学生进行沟通，做好思政教育工作，了解学生的想法，确保教学工作具有极强的吸引力和影响力。

6. 促进思政课程开展，优化测评方式

将人才培养作为课程思政建设的重点，通过多维度的教学模式，完善

考核评价体系，深化教育教学工作要点。对学生展开学业测评的时候，不要停留在专业成绩中，而是从过程考核，思政考核，学生审美意识等方面分析。其一，过程考核，引导学生有持续前进的动力，教师采用每日的测评方式，针对学生每日课上的情况进行审核和指导，及时发现问题，提高学习效率。其二，思政考核，促进学生思想方面的进步。无论是平时成绩，或者是期末考试的成绩，教师要不断总结，巧妙融合思政知识，通过对相关舞蹈作品的解读和分析，提交对应的学习报告，通过对自己的审美以及舞蹈创编情况进行评论，促进学生思想意识和审美水平的提高。

四、结　语

舞蹈教学和课程思政的有效结合，有助于为社会培养更多高素质的应用型舞蹈人才，实现艺术和科学的有效融合，让学生对未来所从事的职业有清楚认识，实现学有所获。对此，教师结合实际情况开展有针对性的授课，从多个方面丰富学生的情感认知意识，创新舞蹈课程教学改革工作，为专业院校舞蹈课程教学做出一定贡献。

中国民族民间舞专业"课程思政"建设实践与探索

——以原创剧目《季》为例

邓丽莉

中国民族民间舞系教师

【内容摘要】"课程思政"是将思政教育渗透进学院各专业课程的重要举措,探索思政教育与专业教育的有效融合路径。因此,本文从中国民族民间舞表演专业课程编创作排练入手,通过丰富舞蹈教学内容整合;以及提升学生表演能力外,进一步在课堂排练里提高课程思想教育价值、对舞蹈课程与思政课程的融合策略进行探究,打造新型舞蹈表演课程思政教学新模式。

【关键词】 舞蹈表演;课程思政;实践;建设

课程思政是一种教育模式,同时也作为中国民族民间舞系的教育理念贯彻在中国教育体系中。教育部在 2020 年 5 月印发的《高等学校课程思政建设指导纲要》中提出:"专业课程是课程思政建设的基本载体。要深入梳理专业课教学内容,结合不同课程特点、思维方法和价值理念,深入挖掘课程思政元素,有机融入课程教学,达到润物无声的育人效果。艺术学类专业课程要在课程教学中教育引导学生立足时代、扎根人民、深入生活,树立正确的艺术观和创作观。要坚持以美育人、以美化人,积极弘扬中华美育精神，引导学生自觉传承和弘扬中华优秀传统文化，全面提高学生的审美和人文素养，增强文化自信。"

在舞蹈专业课程思政中，优秀的传统文化教育是基础。以肢体语言为载体的舞蹈艺术与口头语言、文字语言共同构筑人类丰富的语言文化，以其特殊的体态语言向世界传播中国文化。这些体态语言都来源于底蕴深厚的中华文化，是中华民族经过悠久历史沉淀与洗礼的最深沉的精神追求。

一、舞蹈表演专业课程思政建设的重要意义

1. 弘扬地方传统文化精神

在中国民族民间舞系的舞蹈专业课程开展中，加强思政内容的融合，可以提高学生对我国传统舞蹈文化的学习和认知，提升学生对传统文化内在精神的品位和审美，改变学生舞蹈学习的动机，为中国民族民间舞蹈表演专业教学注入新的思想力量和文化源泉。让学生在学习舞蹈表演过程中，更加全面地掌握地方民间舞蹈的形式和种类，通过舞蹈的表演手段将其艺术生命力充分地展示出来，以此促进学生对地方传统文化精神的汲取和传播。因此，在舞蹈动态形象的流转之间，教师深刻理解中华优秀传统文化的思想精华和时代价值，从而实现对学生文化自信的培育和引导，践行社会主义核心价值观。

在舞蹈专业课程思政中，特色鲜明的地域文化是思想政治教育的支撑。我国舞蹈艺术具有鲜明的地方文化特征，可以为思想政治教育提供丰富的资源。蕴藏于文献古籍、活态遗存等文化形态中多姿多彩的舞蹈形态，需要中国民族民间舞系的舞蹈教育工作者深入挖掘，并融于日常教学中，让学生了解不同时期舞蹈文化现象所反映的时代背景、社会意识、审美心理等。例如，每逢节庆表演的秧歌，是我国涉及范围最广、参与人数最多的一种北方民间舞蹈；"花鼓""花灯""采茶"则是南方各地对秧歌的不同称谓。让学生通过基本动律的学习，思考体态特点，了解理论、创演、教学间的关系，这些传统文化、地方文化和当代文化，在知识的建构中均凝聚了价值导向作用，具有重要的现实意义。

2. 提升学生的文化觉悟

习近平总书记强调"不忘初心、牢记使命";毛主席也将青年人比喻为早晨八九点钟的太阳。因为这是最具有活力的时刻;这是独属于青春的光芒万丈与激情四射。在作品《季》中能感受到每一个人的内心都有一个纯粹的愿望,这个愿望是每个人心里的热火,热火是不可磨灭的。青春是一条很长的路,永远不知道路的尽头是什么样的,也不知道路上有些什么。在一条未知的道路上有苦有甜、有泪有笑,在渐行渐远的道路上注定会与青春渐渐的远去,等再回头看时才发现——最重要的初心。初心好似孩童般对世界露出最纯真的微笑,也对世间万物展开双臂拥抱;与此同时,世间万物也会向我们展开怀抱。这便是《季》向学生所传递的思想理念。

在当下,中国民族民间舞系对舞蹈创作提出了更高的要求,舞蹈文化所具备的思想性对学生产生了深刻的思想教育意义和独特的艺术魅力。将鲜明而又深厚的中国传统文化融入民族文化传承中进行创新,因而将原创汉族剧目《季》带入剧目课的课程中,能够引导学生积极汲取作品背后的思想精髓,提高学生主流舞蹈的创作思路,同时以作品来加强对学生思想、品行的引导和塑造。此外,学生在舞蹈表演的过程中也会把更多的正能量和好观点传播出去,在校园内形成良好的文化艺术互动氛围,将正确的世界观、人生观和价值观根植在学生心中,提高学生的文化觉悟,增强学生传承社会传统文化和中华民族精神的决心。

汉族女子群舞《季》(一)

3. 增加学生的社会责任感

在中国民族民间舞系舞蹈表演专业课程与思政教育课程融合建设发展中，要加强传统文化和红色文化的渗透，全面提升学生的社会责任感。学生在参加课程思政建设的实践和研究中能够感受民族精神，同时获得崇高的精神洗礼，对于培养学生的爱国主义精神和树立终身理想有着重要的教育意义。因此，将这些文化内容的传承和建设作为中国民族民间舞系的舞蹈思政课程实践，能够充分发挥课程内容的载体作用，在舞蹈加思政课程教学的引领下，对于培养学生的社会责任感产生了强有力的推动作用。

舞蹈课程思政除了不断地夯实舞蹈专业知识，学校还可以组织学生去民间采风或者到红色文化教育基地，将第二课堂与第一课堂有机地结合在一起，以传统文化、红色文化、当地民族民间文化为载体，提升中国民族民间舞系的舞蹈教学和思政教学的实际效果；更有利于学生在社会实践中感受到自己对于社会的价值，增强自身的社会责任感。

二、舞蹈表演专业课程思政建设与探索途径

1. 开发舞蹈课程思政教学资源

中国民族民间舞系的舞蹈课程思政建设的根本便是开发课程思政资源，课程的开发，对于中国民族民间舞系的舞蹈课程思政教学有着思想和艺术的双重育人的推动作用。教师在完成基础舞蹈知识和舞蹈技能的教学目标后，应该制定出每个教学单元的"思政教学"目标。并在"思政教学"的目标下，对舞蹈专业的教学内容进行相应的修改和调整。

此外，学校还要将多方的教育资源引入中国民族民间舞系的舞蹈课程思政教学中，不断开发多样性的舞蹈课程思政教学资源，在教学过程中让学生全面、系统地感受到思政教育对个人思想、精神、价值、观念等方面所产生的正面影响。

2. 加强舞蹈专业课程思政教学实践

中国民族民间舞系舞蹈课程思政建设的目的是帮助学生在全面的艺术专业基础上，树立正确的世界观、人生观、价值观，培养学生良好的社会

责任感、民族精神和爱国情怀。传统的思政教学大多以理论输出为主，单调枯燥的教学方式不利于提高教学效果。所以舞蹈中的课程思政便可以以"剧目创作"等课程方式开展，在实践教学中渗透思政观点，使学生在课程实践中接受思想熏陶和文化浸染，从而实现舞蹈基本技能和思想品德两方面的收获。

（1）剧目课的课程定位

剧目课是艺术类学校舞蹈各专业课的核心课程，教学目标是将表演者的舞蹈基本功、技术技巧、表演风格与音乐、舞美等因素融合起来，体现舞蹈艺术的实践性和综合性特点，对于培养学生全面发展的表演能力和创造能力具有积极作用和重要意义。

剧目课的内容主要可以分为两大类：一是经典剧目的复排。二是原创剧目编排。教师应根据教学对象的不同年级、不同程度、不同特点进行相应的教学内容的选择，并且所选择的教学内容要具备训练价值和意义，并能够结合学生在其他专业课程上所学的知识为支撑。该课程不是单纯的舞蹈表演技能训练，它既是舞蹈教学训练的综合体现，也是为舞台表演奠定坚实的基础前提条件。

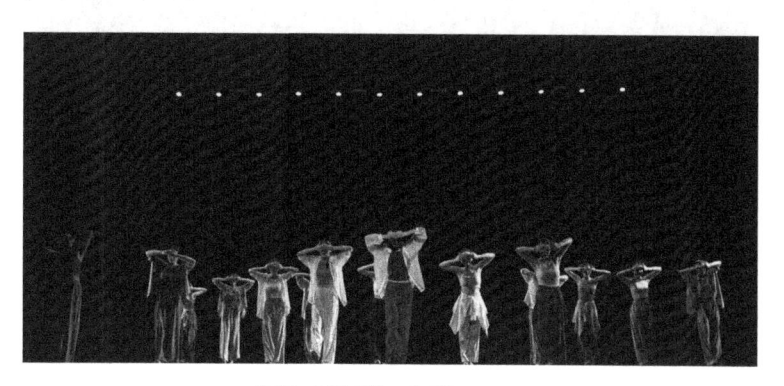

汉族女子群舞《季》（二）

（2）汉族女子群舞《季》的作品立意

女子群舞《季》中的基本动律取材于汉族舞蹈中的东北秧歌。"季"本义为幼小禾苗，寓意着一群入世未深的少女，如一朵朵娇艳妩媚的花朵，最为青涩、美丽。然而每一个季节都有每个季节的独特味道，少女如春，她不像夏天那样干枯炎热；不像秋天那样清冷、萧瑟；也不像冬天那样寒冷入骨，她散发着清新的气息，拨动着人们对美好事物的向往。在四季中，少女们能感受到季节的交换、昼夜交替，没有永远的黑暗，也没有永远的光亮；四季变化好比少女们成长道路上的挫折与成功、痛苦与欢乐、迷茫与坦荡。少女们在成长的道路上经历过璀璨夺目的成功，也感受过跌入尘埃里的悲痛，见过美丽夺目的风景，也遭受过令人恐惧的黑暗，而这一切终将过去，只需少女们保持一颗热烈的"初心"。

在群舞作品中，能让观众感受到幸福——是自身创造的甘露，是理想化为现实的满足，更是自身欢悦的源泉。少女们在成长的过程中与其逃避现实，不如笑对人生；成长其实就是一次长途旅行，我们在不断地失去，也在不断地得到。

通过对原创女子群舞《季》的排练，更好地将中国汉族舞蹈中的东北秧歌融入"剧目创作"的课堂。教师在向学生传授专业知识的同时，带领学生树立良好的世界观、人生观、价值观，引导学生在成长的道路上走得更远。

汉族女子群舞《季》（三）

三、拓展"课程思政"实践的外延维度

1. 整合教学目标

教学目标的整合应注重知识教育和价值教育的结合，以更为全面的教

育模式，培养高素质的复合型人才。具体表现在三个方面：（1）知识方面。夯实有效的舞蹈专业理论知识是教育活动中的重中之重；（2）技能方面。由浅入深地引导学生进行舞蹈技能的学习，最终融入舞蹈表演实践中；（3）素养方面。通过课程思政的建设，引导学生树立社会主义核心价值观，以正确的世界观、人生观、价值观进行自身的修炼与舞蹈艺术的传播，实现立德树人的教育目标。

2. 丰富教学方式

随着现代科学技术与网络通信技术的高速发展，教育方法也得到许多的拓展。以前的教学会更加依赖"口传身教"，而现在教师不仅可以通过课堂对学生进行有效教学，还可以让学生通过网络以及学习通等各种学习软件进行自我学习，并且学生还可以通过网络及时与教师进行沟通，为教师调整教学目标以及教学进度提供了便利，也让中国民族民间舞系的课程思政进行的更加顺利。

3. 调整教学方法

传统的教学方法重在强调教师的主体性与学生的客体性，忽视了学生自主学习的空间。因此，在现代教学方法的构建中，应该让学生成为思想道德教育、理论知识教育的主体。除此之外，在教学过程中，还应综合考量学生自身的情感变化和意识表达，充分体现舞蹈艺术在情感引导以及价值塑造方面的作用，进而实现教育立德树人，培养全方位的艺术人才。教师在作品编创中，可以让学生参与到编导的过程中去，不仅可以使学生更好地将所学的基本元素、基本动律运用起来，也可以与教师的编导思维进行灵感碰撞，以此激发出新的火花；让学生真正实现从"学会"到"会学"。这种"寓教于乐"的舞蹈德育教育中的独特方法，注重情感体验是价值观教育的重要方式。将审美体验贯穿于舞蹈艺术的认知、教育、娱乐之中，让受教育者在愉悦的情感体验中，通过注重、感知、想象、联想、情感、理解等一系列的心理活动，在不知不觉中受到教育，达到净化心灵、陶冶情操、启迪智慧的目的。

汉族女子群舞《季》（四）

四、结　语

总而言之，剧目课程作为舞蹈专业的核心必修课，涵盖了丰富的教学内容，教师既要在教材中多选择能体现课程思政的舞蹈剧目，也要能创作出更多的适合中国民族民间舞系的思政教育的作品。为培养学生的综合表演能力和思想政治教育而不懈努力，实现舞蹈专业课程思政全覆盖，实现为党育人、为国育才的教育目标。

音乐基础素养与课程思政

陈　岚

中国民族民间舞系教师

【内容摘要】 课程思政在当下是非常"热"的词，在课程中加入思想政治元素是非常必要的，能培养学生注重爱国主义教育和传统文化教育，培养学生顽强拼搏的信念，激发学生的责任感与使命感。本文由研究背景和意义、从四个层面引入课程思政、音乐基础素养加入课程思政的可行性与必要性三个部分进行，阐述北京舞蹈学院中国民族民间舞拟开设的音乐基础素养课程如何加入课程思政。为努力培养担当民族复兴大任的时代责任，培养德智体美劳全面发展的社会主义建设者和接班人做出坚实的努力。

【关键词】 课程思政；音乐素养；传统文化；守正与创新

一、研究背景和意义

教育是国之大计、党之大计，其通过培养莘莘学子来繁荣、振兴中华民族，承担着立德树人的根本任务。思政课是落实立德树人根本任务的关键课程，发挥着不可替代的作用。2019年8月，中共中央办公厅、国务院办公厅印发了《关于深化新时代学校思想政治理论课改革创新的若干意见》，指出办好思政课，要放在世界百年未有之大变局、党和国家事业发展全局中来看待，要从坚持和发展中国特色社会主义、建设社会主义现代化强国、实现中华民族伟大复兴的高度来对待。在不同的课程中加入思想政治教育元素称为课程思政，包括将思想政治教育的理论知识、价值理念及精神追求融入各类课程中。课程思政是指全课程育人格局的形式将各类课程与思想政治理论课同向而行，形成协同效应，把"立德树人"作为教育的的根本任务的一种综合教育理念。对于将各类课程与思政课程融合在一起，是新颖的想法，最早提出课程思政是在2014年，其能有效将思想政治理论融合在传统文化中，贯穿于创新思维中，与生活、实践相结合，形成有趣的课堂，这堂课不仅是专门科目或思政课，而是两者合一。2014年，上海市委、市政府印发《上海市教育综合改革方案》，将德育纳入教育综合改革重要项目，逐步探索从思政课程到课程思政的转变，推出了《大国方略》等一批"中国系列"课程，选择部分高校进行试点，发掘专业课程思想政治教育资源。

音乐基础素养是为北京舞蹈学院中国民族民间舞的学生系拟开设的一门加强其音乐涵养的选修课程。舞蹈艺术工作者需要有一定的音乐鉴赏能力，良好的乐感是其必备的基本条件。为了培养其音乐审美，在舞蹈表演人才教育培养计划中，乐感培养和音乐赏析是不可或缺的重要内容。开设一门适合中国民族民间舞系学生的音乐选修课，提升音乐素养，能更好地与舞蹈表演融合，帮助学生找到乐感，提升舞感。音乐基础素养分为乐理知识、中国民族民间地域音乐赏析与视唱、节奏训练三部分，将这三部分内容融入课程思政内容，从党史发展历程、中国传统文化、社会主义核心价值观、守正与创新、实践等几个层面引入课程思政，坚持以美育人，以美化人，积极弘扬中华美育精神，引导学生自觉传承中华优秀传统文化，提高学生的审美和人文素养，增强文化自信。使学生不仅学到音乐基础知识，还受到爱国主义教育，增强对党的创新理论的政治认同、思想认同、情感认同，坚定中国特色社会主义道路自信、理论自信、制度自信、文化自信。我们要对音乐基础素养课程内容进行深入了解和研究，分析课程中的思政元素。例如，在赏析乐曲时，可以讲解乐曲的时代背景和思想内涵，引导学生理解中华优秀的传统文化，培养学生的爱国情怀和文化自信。在这个过程中，我们需要关注课程中的价值观、文化导向、思想方法、精神内涵等，以便在教学中深入挖掘和融入这些元素。探寻课程中的思政元素后要注意对这些思政元素进行贯穿和应用，即在整个教学过程中对课程思政元素的引入、讲述和应用。例如，在讲到汉、藏、蒙古、维吾尔、朝鲜各个民族地域的音乐时，可以和党史、历史相联系，反映出当时的社会现实和人文情怀，了解和学习党史、历史，将音乐和历史通过时间和空间有效关联。我们要注重对课程思政元素的实践应用，即通过实际操作和实践活动，让学生深入理解课程思政元素运用于现实生活中。例如，学生在练习敲击节奏时，在实践活动中体会节奏的动感，激发创新活力。敲击的音乐节奏中，有的反映了牧民们对美好生活的向往，有的表达了对祖国的热爱，有的描绘了祖国一片大好河山的壮丽景象，这些能培育和践行社会主义核心价值观，将其内化为精神追求。

二、从四个层面引入课程思政

（一）从中国传统文化引入

音乐基础素养课程中，第二部分内容是中国民族民间地域音乐赏析与视唱，在各地域各民族中孕育了丰富的民族民间音乐，这些音乐有的来自民间小调，有的来自民歌素材，有的来自器乐曲，有的来自古曲，这些旋律是人民创作的宝贵财富，是中国五千年来优秀的传统文化的丰富体现。中华传统文化是中华民族在五千多年的社会实践中形成的思想理念、传统美德和人文精神的集合，体现出中华民族特有的思维方式和精神标识。中国民族民间音乐是各地域人民在生产劳作时产生的，艺术来源于生活，音乐是在生产劳动实践中产生的，从最古老的原始时期，历经各个朝代的沧桑变换，音乐始终伴随着，音乐不断发展，音乐形式多样化。不论是最早的骨笛、骨哨、埙的出土，还是琴的产生，抑或是伯牙与子期的故事，都是对中国传统文化最好的体现。《列子·汤问》一文中说道：伯牙鼓琴，锺子期听之。方鼓琴而志在太山，锺子期曰："善哉乎鼓琴！巍巍乎若太山。"少选之间而志在流水，锺子期又曰："善哉乎鼓琴！汤汤乎若流水。"锺子期死,伯牙破琴绝弦,终身不复鼓琴,以为世无足复为鼓琴者。由于这个故事,人们把"高山流水"比喻知音难觅或乐曲高妙,便也有《高山》《流水》的古琴曲。在音乐基础素养课程中讲到音乐赏析乐器曲目介绍时,可以以古琴曲《高山》《流水》为例,从故事典故引入中国传统文化作为课程思政元素,教授音乐基础素养学习内容。

(二)从党史发展历程引入

习近平总书记在庆祝中国共产党成立100周年大会上的重要讲话中指出:一百年来,中国共产党团结带领中国人民,以"为有牺牲多壮志,敢叫日月换新天"的大无畏气概,书写了中华民族几千年历史上最恢宏的史诗。中国共产党腥风血雨一百年,带领人民走向复兴,不忘初心、牢记使命,在苦难中铸就辉煌,在探索中收获成功。根据音乐基础素养课程的特色和优势,深入研究育人目标,深度挖掘提炼知识体系中所蕴含的思想价值和精神内涵,科学合理拓宽其课程广度、深度和温度。音乐基础素养从汉族、藏族、蒙古族、维吾尔族、朝鲜族的音乐着手,每个民族或地域都有各自的历史,例如讲到山东胶州音乐,与之相关联的党史是八路军115师挺进沂蒙山区,建立了沂蒙革命根据地。例如,讲到东北音乐,可以与四平街保卫战的党史相联系。例如,讲到藏族音乐,可以将红军两万五千里长征与之联系,藏族人民为红军提供了必要的物资支持及掩护救助措施。音乐基础素养课程从党史发展历程方面引入课程思政元素,增加了课程的知识性、人文性,提升了时代性和开放性。

(三)从社会主义核心价值观引入

音乐基础素养从乐理知识、中国民族民间地域音乐赏析与视唱、节奏训练这三部分内容进行讲授,所教授的内容积极向上,音乐范例有的体现壮美秀丽的美景,有的体现人民的美好生活、有的体现了拼搏奋斗的精神,这与社会主义核心价值观同向而行,所教授内容帮助学生在美育教学中提升审美素养、陶冶情操。全面推动习近平新时代中国特色社会主义思想进教材进课堂进学生头脑,把社会主义核心价值观贯穿全民教育全过程。核心价值观在一定社会的文化中是起中轴作用，是决定文化性质和方向的最深层次要素，是一个国家的重要稳定器。中共中央总书记习近平指出："人类社会发展的历史表明对一个民族、一个国家来说最持久、最深层的力量是全社会共同认可的核心价值观。"社会主义核心价值观从国家、社会、公民个人三个层面分别阐述了价值目标、取向和准则。从社会主义核心价值观引入课程思政元素，将音乐基础素养与核心价值观相融合，引导学生树立正确的世界观、人生观、价值观，引导学生爱国、敬业、诚信、友善。

（四）从守正与创新引入

《关于深化新时代学校思想政治理论课改革创新的若干意见》中指出，要坚持守正与创新相统一，落实新时代思政课改革创新要求，不断增强思政课的思想性、理论性和亲和力、针对性。守正与创新是辩证唯物关系，守正是实事求是，守住正确的方向、道路、性质，创新是具有创造性思维，开拓实践，干新事。守正是基础，由守正引发创新型意识，而创新的意识对守正有能动的反作用，引发实践，干新的事情。《习近平新时代中国特色社会主义思想学习纲要》提出："创新就是用于探索、开辟新境，敢于说前任没有说过的新话，敢于干前任没有干过的事情。"这与音乐基础素养教授的内容有异曲同工之妙。在经典的音乐范例面前，我们必然深入学习，研究其音乐内涵，精神引领，对于敲击节奏，要完全模仿。在理解的基础上，能有新的音乐动机的创作，这对于舞蹈表演也有帮助。我们应该实事求是，对所学知识持有严肃认真、严谨的态度，对所学音乐范例的曲式结构、调性、旋律、情绪完全掌握，这是守正，在理解其音乐韵律和文化内涵的基础上，有自己的理解，在理解后进行实践，可以产生新的想法和动机，在思索后创作，对所学专业舞蹈表演是有益的。

三、音乐基础素养加入课程思政的可行性与必要性

开展课程思政是新时代的要求，要求思政课程与专业类课程、选修课

程同向而行。音乐基础素养课程加上思想政治元素应该坚持用习近平新时代中国特色社会主义思想铸魂育人，以政治认同、家国情怀、道德修养、法治意识、文化素养为重点，以爱国、爱党、爱社会主义、爱人民、爱集体为主线，坚持爱国和爱党、爱社会主义相统一，系统开展马克思主义理论教育，系统进行中国特色社会主义和中国梦教育、社会主义核心价值观教育、中华优秀传统文化教育。在音乐基础素养课程加入思政内容，通过马克思主义唯物论、世界观和方法论，引导学生遵循规律，实事求是，注重实践，知行合一，通过理论知识形成正确的世界观，物质决定意识，意识对物质具有能动的反作用，在不断实践中推动认识的发展，为创作助力。在音乐基础素养课程加入思政内容，引导学生扎根人民、深入生活，树立正确的艺术观和创作观。让学生在加入思政元素的音乐基础素养课程中得到新的收获，激发创造力，帮助学生跳出更加鲜活、生动的舞蹈。在教授音乐基础素养课程前，应分析能够引入课程思政的元素，深度挖掘其精神内涵，以马克思主义哲学、习近平新时代中国特色社会主义思想作为理论基础，实事求是，知行合一，不断实践，引入中国传统文化、党史、社会主义核心价值观、守正与创新等思政元素，将两者巧妙融合，为高等教育教材建设打好基础，输送高等教育人才，立德树人，为培养新时代社会主义接班人而不懈努力。

参考文献

[1]《关于深化新时代学校思想政治理论课改革创新的若干意见》，中共中央办公厅、国务院办公厅印发，2019年。

[2]《高等学校课程思政建设指导纲要》，教育部印发，2020年。

[3]《习近平新时代中国特色社会主义思想纲要》，人民出版社，2019年。

思想政治教育对艺术创作的影响

——以剧目《沂蒙母亲》创作过程为思考

张天阳

中国民族民间舞系东方舞教研室主任、中国民族民间舞系教师

【内容摘要】本文对思想政治教育在艺术教育中,尤其是与艺术创作关系方面,进行分析与研究。通过梳理《沂蒙母亲》创作排演过程中的细节以及具体的操作方式,尤其表达了创编团队在此过程中对于思想政治成分注入方法论的思考。

【关键词】思想政治教育;艺术创作;意识渗透;常态化

思想政治教育是贯穿于所有教育阶段的一种教育活动。在我国,思想政治教育是精神文明建设首要教育内容。"思想"受社会制度和人类物质生活条件决定,"政治"又是牵动社会全体成员的利益并支配其行为的社会力量。随着当今经济建设的迅猛发展,精神文明建设进程必须与经济建设始终保持一致,在某种情况下,其发展速度还需要优于人们对物质层面的追求,毕竟

"人"是推动社会发展的现实主体,而我们对于完美人格的培养,就是建立与健全社会良性运作的重要核心。同样,艺术教育的最高目标是"培养全面发展的人",通过艺术手段,打造"真、善、美"完美的人格。因此,无论是思想政治教育还是艺术教育,虽然在概念上并不是一个相等的量级,不能从平行关系上进行对比阐述,但二者的最终目的都是以人的"精神"作为教育对象,是针对"精神"方面的完善与改造。

一、对于"间接性"的误判

思想政治并不是一个独立存在、独自发展的个体,它是由相应的社会制度与发展程度,所产生对应精神的集中体现,具有一定的历史性,同样更具有时代特征。以艺术教育为例,北京舞蹈学院从1954年建校至今,已走过66个春秋,在此期间,学校的发展建设与社会进步趋于同步,具有一致性,无论是学科建设、行政管理,还是艺术作品创作,都集中反映了当时历史与社会背景下的主体思想,这种主体思想的更新与体现,驱动着北京舞蹈学院从历史走到了现在。

有些时候,当人们提及思想政治教育,会不自然地将它与其他事物割裂来看,或者将思想政治内容的渗透,当作一项硬性指标来完成,在艺术创作领域,有的刻意转化成"锦上添花"的内容,将"政治"与"艺术"进行牵强的嫁接,丧失了其真正的功能。这正是忽略了"人"在各种事物中占据主体地位的结果,纵向上误判了思想政治对于人精神改变的深度与直接性,横向上限制了艺术作品其核心价值体现的影响力与覆盖范围。

1. 思想政治教育目的与艺术创作的统一

前文说过,无论是思想政治还是艺术的教育,皆是针对人格的培养与塑造,艺术创作又是艺术教育过程中一项重要的教育、教学方式。党的十九大报告指出:"新时代高校思想政治教育,需要在工作创新中领会精神实质,开展多形式的教育实践活动。"由此可见,艺术创作与思想政治教育可以有着高度的契合。作为艺术创作者,优质的艺术作品是艺术化的历史与当代真实写照,精神核心必然流露出历史与当今社会的主流意识,才能不脱离群众，发挥其艺术作品的引导性功能。而正确的思想意识，直接决定创作者的创作动机，进而影响作品本身与观众的精神反馈。因此，主流的、正确的思想意识是艺术作品创作的起点，同时也决定了该作品艺术水准的高度和受众的程度。

2. 思想政治教育职能与艺术创作的统一

在艺术教育领域中，艺术创作是一项必要的教育、教学手段之一，这是一项由艺术实践者自发地发现美、创造美的艺术教育途径。在这个过程中，对于人精神层面的影响，思想政治教育与艺术创作手段可以拥有完美的契合点，思政教育与艺术创作共同有着灌输、转变、调剂、凝聚等职能作用，无论是艺术创作者还是鉴赏者，皆能够通过艺术作品，感受其内在精神核心的传情与达意。对于二者职能的共同性分析，并不是一味让思想政治教育仅仅停留在作品的"精神图腾"层面，作为"升华"而存在，而是切实地分析出思想政治教育在艺术创作中，二者职能上的相似，从而互为载体的可能性。

3. 思想政治教育特点与艺术教育的统一

在我国，思想政治教育无论是在教育的初级阶段，还是在高等教育阶段，向来以润物细无声的方式渗透于教育的各个环节。随着我国经济的迅速发展与人们日益增加的物质需求，更是加快了各行业发展的脚步，在缩短时间提高效率的快节奏下，难免会在某个阶段出现"结果导向"的价值观。在艺术创作领域，同样也难免产生近似的情况，正如前面所说，这正是因为忽略了"人"在事物发展过程中，占主导地位的结果。无论是思想政治教育还是艺术教育，二者同样追求在潜移默化的过程中，改变受教育者的认识，同时也注定了这种"软教育"的方式，其教育效果深远且具有延展性，二者并非一味追求教育时效，更加注重由该方面教育而带来人格的塑造，以便增加个人发展的内在驱动，从而推动社会良性的运作。

由此，思想政治教育，无论是与艺术教育的目的、职能，还是特征方面，都有着巨大的关联性。尤其在艺术教育手段艺术创作中，直接决定了该作品的精神核心导向，更确定了"人"是艺术创作的核心，符合社会发展规律的思想认识又是创作核心的内在驱动。因此，对于思想政治教育

"间接性"作用观念，完全是"我们"与被改变对象主体概念逻辑的混淆。

二、"哪一个"与"那一刻"——思想政治教育意识在《沂蒙母亲》创作中的渗透

前文提到，艺术教育与思想政治教育，可以有效地互通互惠，尤其是在艺术创作实践过程中，可以获得更大的教育空间，以满足相应且适量的思想政治教育内容，从而使艺术与政治，二者毫无违和感的共同出现在一个载体之上。在实际操作层面，能够有大量的可操作空间，让看似并不"兼容"的教育内容，显得尤为和谐。为了扎实开展"不忘初心、牢记使命"主题教育，2019年11月，北京舞蹈学院结合自身专业特色，推出了舞蹈诗《那些故事》。中国民族民间舞系其中承担了《沂蒙母亲》王换于的排演工作，为我们提供了一次思想政治与艺术创作实践相结合的工作契机。

作为学校来说，教育是首要任务，决定了我们创作艺术作品，不单纯为了推向舞台，给予观众审美需求，还要在创作、排练的过程中，起到对学生的教育意义。身兼编导与教师双重身份的我们，更需要思考如何"借力发力"，通过具有思想政治色彩的创作活动，侧重学生在人格层面的教育。《沂蒙母亲》创作组，在工作伊始，就确定了此次创作的主要意图：以节目为载体、过程为重点，在保证创作质量的前提下，通过对历史人物的解读与塑造，提升学生的历史认知与思想政治意识。思政意识的渗透，不仅指节目本身，更重要的是渗透于排练的

全过程。

1. 对于"哪一个"的思考——提高人物形象的身份意识渗透

提高人物形象的身份意识。这里的人物形象，并不单纯指代人物的外部形象，而是将重点放在所塑造人物的品格、人格等内部精神核心。创作组除了常规与学生一起解读人物素材外，通过深入当地调研、撰写调研报告、开展研讨等第二课堂形式，尽可能挖掘王换于本人、王换于所代表的沂蒙山区女性形象，以及在战争年代，这些母亲所代表的人民群众意识的集中体现。想象与感受毕竟是有所差距的，学生通过对当地的走访与观察，能够有根据地站在历史背景下，塑造与诠释当时的"那群人"。中国民族民间舞系向来懂得"走下去"的重要意义，也懂得如何"走下去"，这是我们的立身之本。当然，深入当地是为了"求真"，为了延续意识的真实性，当我们回归创作和排练本身，编导组会要求学生清晰每个人物形象的定位，无论你演绎的是节目中的老人、妇女、孩童，都必须清晰你是群体形象中的"哪一个"，让每种群像当中的人，都有着自己的理解与真实的表演感受。这里说的真实，并不仅指表演，而是通过演绎而获得教育的真实性。往往我们容易在表达人物群像时，为了让群体意识更加整齐、集中，会忽略群体中"哪一个"的概念，因此会间接性丧失学生在群舞中的表演参与和感受度，尤其是带有思想政治色彩的节目排演中，感受的丧失会直接导致思想政治教育内容贯彻的"弱化"。《沂蒙母亲》编导组为了让学生通过节目创排而获得思想政治教育影响的扎实性，积极引导学生在群

像气质中的个性演绎，在建立宏观的红色经典感受与认知的基础上，强调演员对于自己表演的微观把握，也就是强调你是这群人物中的"哪一个"。

2. 对于创作中"那一刻"的解读——提高历史条件下的"环境"意识渗透

其次，加强历史条件下的"环境"意识。这里所说的"环境"，指的是造就"沂蒙母亲"事迹的"那一刻"，也就是针对人物事迹空间与时间的分析。正所谓时势造英雄，但并不是说我们社会的安稳环境难以造就诸如"沂蒙母亲"那样的英雄人物与英雄事迹，而是在特殊的年代，在有限的生存与生活环境中，更能激发出人民群众无限的责任与担当。同时，也更能够凸显普通百姓在面对战争时，政治抉择的正确性与典范意义，具有历史唯物主义色彩。

编导组通过查阅相关资料信息，抓住主要人物的关键词，反推这几个关键词所能够表现的故事场景。例如，代表人物王换于，个人事迹中，"战时托儿所""保护与抚养"等相关词汇高频出现，预示着以王换于为代表的沂蒙母亲先进事迹。从空间上看，多发生于战争的大后方；从时间上看，这些事迹是以一种伴随着战争持续存在的方式同步进行着。"战时托儿所"等词汇，营造出战争笼罩下的"伊甸园"，形成了空间上的反差感。而"保护与抚养"等词汇，造就了动乱时期"为母则刚"的气质与爱的持久，滋润着由战争所带来的创伤。因此，伴随着对"环境"的分析与研

究，剧目《沂蒙母亲》的"那一刻""母爱如水"，似水温柔暖一生的人物事迹精神内核逐步清晰。同时，与舞蹈诗《那些故事》中，另外两位以母亲形象而皆知的"邓玉芬""龚全珍"自然拉开了舞台形象差异。

讲到这里，也许你会认为，对于"环境"意识的渗透，难道不是每个艺术作品的共有品质吗？确实如此，但是，编导组对于故事"环境"意识的严谨态度，才能够将合适的情感内容传达给学生，不夸大、不虚美，特别是以思想政治与艺术相结合的作品，真实是一切效果的开始。

综上所述，无论是人物形象的"身份意识"，还是历史条件下的"环境意识"，前者多指从学生角度出发，强调群像之中的"哪一个"概念，让表演者的表演过程更具思考性，从而获得更直接的教育感受；后者多指从创作者角度出发，强调历史环境中的"那一刻"，从而凸显人物所在环境与精神内核的独特。对于"哪一个"与"那一刻"概念的思考，同时也是思想政治题材创作的重要品质体现。

三、《沂蒙母亲》创作过程中"真实性"与"统一性"思考

1. 强化历史环境与人物特色的真实性

在此方面，具体的思考前文已有叙述。需要强调的是，强化历史环境与人物特色真实的理念，并不是基于节目创作本身来谈，而是基于教育的目的。由真实的历史环境与真实的人物精神内核作为支撑的创作节目，本身就具有强大的思想政治教育内涵，我们需要做到的，尊重历史与历史中的人物，不虚美、不隐恶，作为编导，把握再现与演绎的关系，让学生在排练过程中的所有感动，皆从真实中得来，再反哺到表演当中，努力摆脱对于美的修饰，放弃"自我"，追求"他我"。

除此以外，本次的创演活动，编导组依据历史人物事迹，在节目结构中使用倒叙手法，在动作使用上多采用再现方式，故事脉络以真实历史故事为背景不做过分解读，以此还原"为母之爱"衬托下的家国情怀，将剧目表达变得直接而有效。有时候，我们习惯在艺术创作中做加法，但细节设计的冗杂反而影响剧目的整体表达，过度解读会丧失观众对于作品的真实性与整体性理解。通过此次《沂蒙母亲》的排演工作，反而让我们回归到舞台艺术作品最本质的属性：一部说得清、道得明的作品才能够叫作艺术表达，否则就是在"自我陶醉"。

2. 强化节目中思想政治成分与作品精神核心的统一性

政治是人们现实的社会活动与社会关系的集合，而我们的艺术行为，多数基于我们对现实世界的艺术化想象，二者有着较为紧密的关系。而主流的思想政治意识，它正是当今社会群体意识的集中体现，同时也为我们艺术行为提供了大量的优质素材。说到这里，我们就基本清楚了一个概念，那就是优质的思想政治成分，是我们成功艺术行为的开始，从根源上解决了我们为何而创、为何而舞的问题。从历史当中看，"沂蒙母亲"王换于其个人事迹，以及代表的"沂蒙精神"，皆是反映了当时人民群众最为质朴的政治思维，最为正确的政治抉择，最为果敢的政治行为，最为真实的反映出人民群众的政治决心。其精神的体现，并不是战场中的干柴与烈火，而是像乳汁一般甘甜，滋润着那些英雄儿女。因此，"真实""质朴""温暖""感动"就成为《沂蒙母亲》作品内在精神与情感的艺术化追求。

四、结　语

政治与艺术向来不是割裂的，在人类生存与发展的各个阶段，二者皆有着微妙的共生关系。尽管在表现上，政治不像艺术一样，有着独立的表现形式，但亚里士多德曾说过："人天生是政治的动物。"我们的生活离不开政治，但我们往往很难说出，究竟什么是政治。而艺术一般定义为人文教育，它是修养和培育人文的方法和方式，它作为人文的方法和方式，既可以引人趋于高尚，也可以倒过来诱人坠入沉沦。因此，正确的政治思想观念，能够对艺术进行加持，从而让人成为"人"，而艺术作为政治的重要载体之一，能够让正确的思想意识通过艺术作品渗透于人，从而潜移默化地接受思维意识的改造、洗礼与升华。北京舞蹈学院舞蹈诗《那些故事》的成功上演，开启了我校新一轮思想政治教育和专业教育相结合的思考风潮。对于参加排演工作的师生来说，这样的工作经历会给予我们更加持久的教育意义。我们不能认为带有思想政治成分的作品是一种新的突破，因为二者之间有着紧密的结合点，并且有着大量的可操作空间。艺术创作是对现实世界的艺术化反映，而正确的政治意识，又是现实社会群体意识的集中体现，因此无论是在作品本身的题材、内容，还是创作手法上，皆能够帮助创作者，创造出符合

北京舞蹈学院舞蹈诗《那些日子》

艺术规律、不脱离群体意识的艺术作品。看似是一种"限制",实则是帮助我们拉近了"艺术"与"现实"的距离。北京舞蹈学院作为全国艺术教育的主阵地,通过舞蹈诗《那些故事》,从选材到排练,从台上到幕后,全校通力合作,尽全校之力,为北京舞蹈学院"不忘初心、牢记使命"主题教育的最高峰,书写了浓墨重彩的一笔,并为我们将来的思想政治工作,留下了大量可思考的空间,毕竟我们要培养德才皆备的"人",就必须有立德树人的"心"。

参考文献

[1] 袁斌. 艺术教育视域中德育创新探索 [M]. 北京:中国文史出版社,2015.

[2] 徐虎. 传承红色文化 提升高校思政课教育效果 [J]. 中共郑州市委党校学报,2019 (06).

[3] 李静,刘鸿畅,朱奕辉. 文化视域下加强高校思想政治工作的时代考量 [J]. 邵阳学院学报(社会科学版),2020 (03).

[4] 行甜甜,张利荣. 红色文化融入高校思想政治教育工作的路径研究 [J]. 教书育人(高教论坛),2020 (21).

[5] 吴潜涛,李忠军. 用中国精神凝心聚力 [N]. 人民日报,2013-08-27 (007).

[6] [美] 理查德·加纳罗,(美) 特尔玛·阿特休勒,艺术:让人成为人(人文学通识)(第八版) [M]. 北京:北京大学出版社,2012:(3).

课程思政建设中充分发挥教师作用

郭 娇

国家一级演员、中国民族民间舞系教师

【内容摘要】时代是思想的源泉，实践是理论之母。伟大的时代产生伟大的思想。新时代高校课程教学应始终以党的教育方针为导向，以中国特色社会主义思想为指导，以立德树人定位人才培养的方向，在专业课课程思政的建设中，突出教师职能的作用，促进人才培养、育人发展。在此目标下，教师需不断学习，不断完善教学理念，其主要包括四个方面，即加强教师思政工作；多思考总结思政与专业之间的内在联系；多实践、多总结、多反思；与广大领导、同事交流讨论，互相学习，互相借鉴。

【关键词】课程思政；教学方针；立德树人；教师职能

时代是思想的源泉，实践是理论之母。伟大的时代产生伟大的思想。在新时代实现伟大梦想需要科学理论的指导。2018年5月2日，习近平总书记在北京大学考察中进一步阐释了新时代社会主义大学应该培养什么样的人、如何培养人、为谁培养人，是关系到党和国家发展的核心问题，明确指出培养社会主义事业的建设者和接班人是我们党的教育方针，是我国各级各类学校的共同使命。习近平总书记重要讲话深刻阐述了中国特色社会主义教育的本质，把立德树人放在核心地位，将其作为高校立身之本，进而创造性地发展马克思主义科学课程教育理念。这不仅明确了高校的办学方向，也是检验高校课程人才培养质量的根本标准。因此，高校思想政治理论课建设必须以习近平新时代中国特色社会主义思想为引领，充分发挥中国特色社会主义的教育优势，推动新时代高校思想政治理论课在创新中的加强和发展。"课程思政"是指高校教师在传授课程知识的基础上，将学生所学知识转化为内在德行，转化为自身精神系统的有机构成，转化为自身素质或能力，成为个人认识世界、改造世界的基本能力和方法。也就是说，所有课程的知识体系都体现了思政德育的要素，所有的教学活动都承担着立德立人的功能，承担着全体教师立德立人的作用。教师是高校教育教学工作的一线组织者和实施者，是将立德树人根本任务贯穿于教育教学全过程的关键。切实提高高校人才培养质量，要充分发挥好教师队伍的主力军作用。

从教师个人的角度来说，应从以下四个方面加强学习。第一，加强教师思政工作。习近平总书记强调，教师要成为大先生，做学生为学、为事、为人的示范，促进学生成为全面发展的人。为落实学院人才强校实施路径之一"青蓝工程"的具体举措。中国舞党总支组织参赛教师不断教研、讨论，共同提升教育教学水平，拓宽教育教学方式。同时青年教师通过向资深前辈学习请教，充分实现了教学的传帮带，在交互中强化高尚、专业、友好的职业关系。

中国民族民间舞系教师党支部坚持让教育者先受教育，以教师思政赋能课程思政，落实教师政治理论学习制度，有计划组织每学年政治理论学习及相关活动。学院实施"青蓝工程"，强化师德师风建设，全面提升立德树人意识。通过课程思政专题研讨、青年教师教学竞赛、教学督导等举措，不断提高教师思想意识与育人能力。

2022年11月，我有幸参加青年教师基本功比赛，让我受益匪浅的是通过比赛准备的过程，我不仅对专业教学的课堂有了更加明晰的掌握，并且能够自觉地提出许多之前教学过程中忽略了的细节与问题。尤其是在自己的舞蹈表演、实践经验和教学思维转换之间的反复思考与推敲；如何将自己在舞台上对身体风格显现的拿捏，对所塑造人物情感的把握，以及教学步骤的合理安排、知识重点难点导入节奏的准确把握、引发学生思考讨论关键问题的设计等，都促使我必须找出"舞台"到"课堂"的更优方案，正是这种让我产生思考的内驱力推动了我在教学能力方面的成长，也让我在"教与学"中不断改进思路，汲取力量。

第二，多思考总结思政与专业之间的内在联系。课程思政不应照搬思政课的内容，而应将思政课与专业课有效结合，专业内容与认识工具相结合。因此，我们要在提高自己思政水平的基础上，在具体课程思政实践过程中，寻找思政与专业的关联点，将思想素养融入专业教育。同时，要在思政教师的帮助下，挖掘尽可能多的专业教学资源中的思政因素，丰富教学手段。在传授专业课知识的同时，潜移默化地影响学生，培养学生的社会主义核心价值观从而不断提高专业课的课堂教学质量。

2023年7月，我随团出访保加利亚，参加"维托莎"国际民俗艺术节，在为期五天的艺术节活动中，北京舞蹈学院艺术团全体成员以高度的使命感、责任感，出色地完成了演出任务。同学们时刻牢记北舞学子的身份与责任，在国际文化交流中传播中国优秀传统文化，在演出、游行表演、教学的过程中实现文化输出，感受到伟大祖国赋予我们的强大的文化自信，以及深刻的民族文化责任感。北京时间2023年7月15日，在保加利亚第27届"维托莎"国际民俗艺术节闭幕式上，代表中国参与此次活动的北京舞蹈学院从15个国家代表团中脱颖而出，荣获组委会最高奖项——Grand Prix金奖。此次艺术节是继2021年北京舞蹈学院线上参与此项活动后，北京舞蹈学院再次与保加利亚交流合作。在为期五天的艺术节中，同学们共完成了四场主舞台演出、两场游行表演、一场双人舞竞赛表演，为保加利亚首都索菲亚的市民带来了精彩纷呈的中国民族民间舞蹈。北京舞蹈学院中国民族民间舞系的同学们通过精湛的表演，赢得了全场评委、观众以及来自世界各地民间艺术团的高度赞扬。同学们在国际舞台上更好地展现北舞学子的风采，也用实际行动践行了"为人民而舞，为时代建功"！

第三，多实践，多总结，多反思。量变引起质变，只有实践才能悟出真理。在平时的课堂教学中，要运用不同的手段实践课堂思政，定期进行分析和总结，优化课堂思政的教学思路。这样才能积累丰富的经验，只有把思政融入课堂，发挥其力量，才能更好地培养全面发展的学生。作为出访学生之一20级杨嘉薇这样写道："为期近一个月身在异国他乡，我们秉承'为人民而舞，为时代建功'的信念，克服了时间、空间、环境等种种客观问题，只为圆满完成任务。初到保加利亚，生活文化的差异，加剧了我的思乡之情，也不由得感慨祖国的高速发展。在保加利亚不仅了解了当地的文化艺术，也接触到了许多不同国家的艺术，俗话说'艺术无国界'，正是因为艺术，使各个不同国家的人相聚在一起，使各个不同国家的文化互相交流，碰撞出灿烂的火花。不一样的世界有不一样的感受，不一样的文化有不一样的碰撞，不一样的经历对自身今后产生不一样的影响。此次任务的收获是多方面的，不仅专业文化得到了升华，对于自身的素质能力也得到了提升。此次保加利亚之旅虽然任务繁重，但是对我来说是难得可贵、收获颇丰的。"

为期 22 天的出访，全体师生辗转保加利亚 6 个城市，奔波 1600 多公里，日程紧张，档期繁忙，演出、游行表演、工作坊累计近 26 场。此次保加利亚系列艺术节巡演活动是积极落实学院第二次党代会精神的一次实践活动。是"中国—中东欧国家舞蹈文化艺术联盟"框架下的一次重要活动。学院将进一步秉持开放办学理念，积极推动中国民族民间舞蹈"走出去"，丰富与中东欧国家的舞蹈文化交流，加深人民情谊，推进民心相通、文化互鉴。

第四，与广大领导、同事交流讨论，互相学习，互相借鉴。群众力量巨大，每一位教师的思想汇聚起来，就可以形成更系统的教学运用，这样才能共同提高教学水平，有效地达到教学目标。

在此次出访中，中国驻保加利亚董晓军大使携夫人、保加利亚侯任驻华大使安德烈·特霍夫先生、保加利亚外交部欧盟司司长奥尔班诺娃、保加利亚国家舞蹈学校校长内德尔切夫、索菲娅各艺术团总监、当地观众、华人华侨等近 300 名观众欣赏了我们精心准备的晚会节目。北京舞蹈学院中国民族民间舞系的同学们用中国舞蹈，中国味道点燃了现场，自晚会开始，观众的掌声如潮，观众被热情的中国舞蹈感染，情不自禁地欢呼鼓掌，现场气氛热烈，表达了保加利亚人民对中国舞蹈艺术的喜爱。演出结束后董晓军大使对同学们的表演给予了高度的赞誉，对当晚的演出给予了高度的评价，董晓军大使还向同学们介绍了保加利亚的文化历史，提及到保加利亚是第二个与中国正式建交的国家,与中国有着深厚的友谊。当晚同学们的表演用艺术的形式加深了我们彼此的交流,体现了我们的文化自信。安德烈·特霍夫大使表示,非常惊叹同学们卓越的舞蹈表演,这么丰富的各民族舞蹈让他感受到了中国丰厚的文化。

教师的目的是育人,课程思政的最终目的还是育人。作为北京舞蹈学院的一名教育者,在培养学生"专业才能"的同时,"精神成人"对于舞蹈学院的学生也同等重要。所以,把社会主义核心价值观渗透到课堂的方方面面,将"思政元素"融入教学内容中,充分提高课堂教学质量与思政效果,从而实现"全课程育人"的目标。我们不是简单的授课教师,而是真正的教育者。课程思政的引入,是提高高校思想政治工作质量的时代要求。在北京舞蹈学院,课程中注入思政内容使课程更加具备思想性和思想高度;思政与舞蹈特色课程的结合也为思政的贯彻发展创造了更多的可能性。在授课的过程中,积极落实立德树人的根本要求,潜移默化地开展思想引领。各门课程的授课教师,通过积极探索、深入挖掘所讲授课程中蕴含的育人元素,形成"聚合"的育人元素;寻找其与各知识点相结合的契合点,将这些元素有机地融入所讲授的知识点之中,形成"混合"的育人元素;在对学生的教育教学中实现思想引领,促进学生思想认识不断深化、价值观念逐步提升,形成"化合"的育人元素,引导学生先明是非曲直,后明道路方向,再明如何作为。如何提高课程人才培养质量,重要的是挖掘课程知识体系中蕴含的思想政治教育要素,并将其有机地融合到知识传授中。至于如何实现两者的有机结合,这既是一门科学,又是一门艺术,在课程思政改革的实践中不断探索,总结经验,把握规律,才能满足教育对象不断增长的精神文化需求,才能使科学与艺术相结合,才能取得统一合目的性与合规律性的良好育人效果。

在我教授汉族舞蹈基础课的过程中,对胶州秧歌舞蹈动作特点拧、碾、抻、韧的讲解时,通过对特定时期山东胶州地区女性形象的分析探讨,在山东胶州秧歌动作元素的学习中,"这一方水土养这一方人"透过动作背后风格的体现,感知山东百姓勤劳质朴,热爱劳动、热爱生命的精神品质。让学生从侧面领会其舞蹈特点,体会特定时期其女性对待生活的坚韧态度和强烈的爱国情怀；强化艺术来源于生活，又高于生活的艺术观念。通过课堂学习，激发学生对民族文化、民族情怀的热爱，提高学生对艺术的感知力与理解力，增强文化自信。经过"体悟"体验到体现的学习进程，透过经典组合，感知教师如何从田间地头到课堂的提炼过程。在学习过程中体会前辈教师执着于艺术、奉献于课堂、用心于学生的师德风尚。通过学习传统组合让学生感受到传承的力量，增强对舞蹈事业的使命感，为他们未来从事民间舞蹈表演和教育打下良好的基础，身体力行地将"舞院精神"恒久传承。通过这样的思政元素挖掘，学生的舞动也更加有态度、有思想、有内容，舞蹈学院的学生作为当下的一份子，也更加体会到先辈们的不易，通过对胶州秧歌人物形象性格的了解、感悟、体悟、呈现这四个步骤的体验，学生们的舞蹈表演才更加真实。课程思政体现了特殊的价值范畴。

正如习近平总书记指出："要用好课堂教学这个主渠道，思想政治理论课要坚持在改进中加强，提升思想政治教育亲和力和针对性，满足学生成长发展需求和期待，其他各门课都要守好一段渠、种好责任田，使各类课程与思想政治理论课同向同行，形成协同效应。"课程思政与教师都是以育人为出发点和落脚点，要充分发挥两者作用，引导知识传授、能力培养和价值有机结合，帮助学生塑造精神世界、树立精神支柱、增强精神动力，激励学生将个人理想追求融入国家和民族事业，在中华民族伟大复兴和实现中国梦的伟大实践中书写人生华章。

党建领航，精准思政育人

雷斯曼

北京舞蹈学院中国民族民间舞系教师、
北京市哲学社会科学民族舞蹈文化研究基地特聘青年学者

【内容摘要】教育是国之大计、党之大计。教育兴则国家兴，教育强则国家强。作为一名教师，教育工作需渗透进教师个人的方方面面。对于一名教师来说，教育是一生的事，教育也应是教师生活的全貌。无论是课堂还是课下，教师都当以身作则，严于律己，铭记神圣的教师身份。

【关键词】党建；思政育人

一、高屋建瓴之引

"师也者，教之以事而喻诸德也。"教育工作自古便是中华民族立国之本，发展之计。党的二十大报告对中国教育事业作出重要部署，在围绕人才培养方面对教育工作者作出明确指示。党的二十大报告指出："教育、科技、人才是全面建设社会主义现代化国家的基础性、战略性支撑。"并明确指出："教育是国之大计、党之大计。培养什么人、怎样培养人、为谁培养人是教育的根本问题。育人的根本在于立德。全面贯彻党的教育方针，落实立德树人根本任务，培养德智体美劳全面发展的社会主义建设者和接班人。"党的二十大报告深刻阐释了新时代中国特色社会主义教育工作的前进方向和根本原则，也是教育工作者实践教育的指导思想，具有非常重要的指导意义。"十年树木，百年树人"，作为一名教师应谨记"传道授业解惑"的职业使命与责任。以身示范，勤勤恳恳做事，堂堂正正做人。对自身所守护的事业应时刻保有一颗敬畏之心，信仰则爱，爱则用心，用心则成事。

本人是一名舞蹈教育工作者，舞蹈又是一门关于人的学科。来源于人，以人表现，又回馈于人。那么，正确的、积极的、正能量的思想品德则是舞蹈教育的首要任务，这其中就包括了思想和品德两个方面，思想端正是意识形态层面的问题。舞蹈"以人为本"的文化属性塑造了其强调人文性和主观能动性的特点，较之理性、严肃占绝对位置的自然科学，舞蹈更注重舞者主体情感、人格、意志、性格、心理等层面的表现。当然，剥离于人本身的外部客观因素必然也参与到舞蹈的生成中。基于舞蹈的主观性和个体性特点，思想政治意识的引导和培育便是至关重要的一环。品德则是"立德树人"的根本，学生德行、品格的塑造亦是课程思想政治的精神内核。如今，课程思想政治已在教学工作中全面覆盖，这当是必要之举措。

那么，作为一名舞蹈教育工作者，在教学工作中应达成以下两项要求：1. 向教学对象传授专业知识与技术，为教学对象树立行业自信；2. 培育、塑造教学对象的品格、品行、品德、品位。引导教学对象树立正确的三观，开发教学对象的潜在智能，培养教学对象积极向上的人生心态。如此才能成为习近平总书记所提出的有理想信念、有道德情操、有扎实学识、有仁爱之心的"四有好老师"。

二、全面实践之行

1. 课程基本简况

本人所开设课程"舞蹈民族志与个案分析"（Dance Ethnography and Case Analysis）是一门应用性较强的基础理论课程。该门课程主要基于人类学、民族学学科规范的民族志研究方法之上，旨在将其方法论应用于舞蹈文化研究中。基于该课程研究对象和领域与人类学、民族学等哲学社会类学科存在一定差异，那么在其学科方法论应用视域与执行方法上将会依据本学科的特征与特点进行调适。该门课程以舞蹈为核心研究对象，将舞蹈置于其所属文化场景或族群社区中，强调研究者的"在场"，进而通过参与、观察、访谈、体验、记录等方法对其进行田野调查与民族志分析。

图1 作者（左一）于云南丽江宁蒗油米村进行田野调查，访谈杨扎实东巴

"舞蹈民族志与个案分析"课程主要聚焦舞蹈民族志研究方法及所涉及核心概念与问题的教授。同时，以教师本人多年的田野调查经历为实践经验，将民族志研究方法、核心概念、基本问题等基础理论融于实践经验中进行讲解与传授。此外，该门课程将着重以西南地区传统民间舞蹈研究为主要案例，通过研究全过程的微观剖析与分解，进而宏观检验理论和方法的应用与可行性。最后，组织教学对象分组展开田野调查与民族志研究，逐步实现理论向实践经验的转换。该门课程试图突破传统理论课程的课堂教授模式，尝试鼓励并引导教学对象走出教室，进入"他者"社区实施田野调查，将理论及方法应用于具体的实践中，并指导教学对象最终生成舞蹈民族志文本与田野调查视频。

2. 思想政治育人目标

本课程着重引导教学对象立足时代，礼敬传统，深入生活，以人民为中心，为教学对象树立正确的文化观、艺术观，增强文化自信。在潜移默化中实现"立德树人"的育人目标。主要分为以下五个层面。

（1）以人为本，以民为重，发现传统文化的"真""善""美"。

（2）走向民间，走进群众，尊重传统，发现传统，研究传统，延续保护与传承精神，弘扬中华民族优秀传统文化。

（3）取之于民，还于百姓。强化传统意识，加强理论自信与文化自信，将民间传统经典转化为舞台艺术经典，践行理论指导实践，实现理论的应用性转换。

（4）正视传统，夯实学科。提升学术能力，储备学术知识，立足实践理论建设，构建中国民族民间舞蹈的"学科体系、学术体系、话语体系"。

（5）追溯学科建设初心，强化学科发展使命，铸牢教学对象的文化共同体意识。

3. 思想政治育人重点

树立正确的世界观、人生观、价值观。始终谨记"为人民而舞"的初衷，坚持"立德树人"的根本育人目标，坚定党对文艺工作者的要求和期望，牢记"培根铸魂、启智增慧"，始终保有正确的思想政治意识是本课程的核心教学重点。

4. 思想政治育人方法

（1）以"立德树人"为教学根本目标，全面践行课程思政进课堂。

课程教学中着重引入"课程思政"内容。将思政内涵融入每一节课、每一个知识点，自始至终"舞蹈民族志与个案分析"课程与思想政治理论同向同行。使教学对象不仅学到知识，并能从知识中获取思政营养，将学习目标定位于服务人民、服务党、服务国家。教师本人也坚持把"立德树人"作为教育的根本任务，以此作为教师的根本教育理念。

（2）引导与启发，树立教师模范作用。

授课过程中教师要十分坚定舞蹈民族志工作者的工作性质，并重视工作的目的、意义与价值，同时引导教学对象发挥吃苦耐劳、坚持不懈的职业舞者精神。并以身示范，给予教学对象一个正面的案例，起到模范带头作用。此外，教学对象多为"舞蹈民族志与个案分析"课程的初学者，所以教师需要以引导、启发的方式给予教学对象思考的线索，鼓励教学对象发动新时代的资源和技术，进而探索出更多理论转化的路径，使理论与实践更好的接轨同行。

（3）立足时代，与时俱进，因时制宜。

课程教学深入考虑各时期教学情况，过去曾设计线上线下同步进行授课方案，并结合新时代、新科技，用各种线上软件辅助授课。包括线上视频授课、数字资源共享、回课方式、教学评价等。同时，兼顾线上线下听课的教学对象，保障教学效果，顺利完成教学目标任务。

5. 改变教学评价

（1）强调思想品德教育，以思政观、道德观、是非观、审美观为教学评价指南。

课程的教学目的首先要以思想品德教育为重，以中共中央、国务院2020年印发的《深化新时代教育评价改革总体方案》为指导思想，着重培育教学对象树立正确的思政观、道德观、是非观、审美观。那么，这也成为本课程进行教学评价的先决指标。舞蹈是为人民服务、为党服务、为国家服务。要实现"为人民而舞"的前提是首先树立正确的思政观，以新时代的大思政观为行动指南，同时建立优秀的中国传统道德观、是非观和审美观。在精神领域达成一致的前提下才能真正践行北京舞蹈学院"爱国、爱校、爱舞蹈"的优良传统，进而即能向"遵道崇德，天地人和；文舞相融，德艺双馨"的舞院校训不断奋进。

图 2　作者授课过程中

（2）以树立科学的"教育发展观、人才成长观、选人用人观"为指导思想，改变教学评价指标，强调过程与结果并重，课上与课下并举。

在《深化新时代教育评价改革总体方案》的正确指引下，高校教师应准确地认识到高等教育的本质与核心。人才培养切记避免唯分数论，避免重结果轻过程。高等教育应以宏观、动态的教育视野，着重关注教学对象的个人发展、个人成长、个人潜力，同时也要洞察当下社会对人才需求的走向。那么，本课程正秉承该教育理念，强调对教学对象长期、动态及空间化的培育与教学，十分关注教学对象的学习过程，将阶段性收获、个人学习成长指数连同最终的结课汇报作为本课程进行教学评价的主要指南。

（3）坚持立德树人，因材施教，着重素质教育，践行综合能力评价方案。

"立德树人"是高等教育的根本任务，"因材施教"是教师教学的根本手段与职责。从因材施教层面来看，以每一个教学对象个人的学习背景、起点或专业水平为各自的考查基准，切记专业能力水准一刀切，需要以教学对象个人的学习成长为评价主线，结合教学对象日常的学习态度、考勤情况、学习积极性和主动性、课下学习情况等因素综合作为最终教学评价的准则。本校为专业性较强的高等院校，专业能力培养必然为学生的学习之本。但鉴于本课程的基础理论性，将更强调教学对象的素质教育，加强

图7 作者就"贾作光诞辰100周年舞蹈专场晚会"访谈专家

培养教学对象的综合能力，如人文常识、跨学科基本知识、时事热点（包括政治热点、专业热点等）、公共基础知识等。综上都将被纳入本课程进行教学评价的考量指标。

综上，将深入贯彻落实《深化新时代教育评价改革总体方案》，不断追求教学评价的科学性、专业性和客观性。

6. 教学改进方向

（1）时刻把握党和国家对教育以及文艺工作者提出的新要求、新目标、新方案，实时把握党的方针政策，关注国家教育教学动态。将此作为课程改进和本人教学的首要指南和根本标准。

（2）时刻把握学校的建校方针和目标以及本学科的人才培养方案。跟随学校和系部的整体规划和设想不断改进和调整"舞蹈民族志与个案分析"课程的教学方案。

（3）深化自身专业知识，提高教育理论。将教育理论切实融入教学方法与内容。

（4）与新时代同行，与新教学对象同步，坚持与时俱进，时刻调整、完善教学方式、方法和教学思路，以期在新时代的挑战下，面对日趋年轻的教学对象时亦保障高质量的教学效果和高精尖的教学目标。

三、反躬自省之思

党的二十大报告指出："用社会主义核心价值观铸魂育人，完善思想政治工作体系，推进大中小学思想政治教育一体化建设。""加快建设教育强国、科技强国、人才强国，坚持为党育人、为国育才"。

思想政治教育是一种润物细无声，潜移默化的影响和感染的过程，应贯穿于教学工作中的所有环节，不能仅限于正式的课堂教学中。如牵动于国体命脉的中国舞蹈历史与发展，中国传统舞蹈文化讲解，民族精神、民族性格及民族情感的塑造与培育，中国传统舞蹈技能的传授与研习等。课堂以外教师个人的言行举止、教研成果或与学生进行的非正式交流都应当树立以身示范的榜样作用。由此全方位浸入，为学生建立一个立体、全面、生动的思想政治观念。

教育是国之大计、党之大计。教育兴则国家兴，教育强则国家强。作为一名教师，教育工作需渗透教师个人的方方面面。对于一名教师来说，教育是一生的事，教育也应是教师生活的全貌。无论是课上还是课下，教师都应当以身作则，严于律己，铭记神圣的教师职责。在不断自我增值，加强业务能力的同时，应竭尽全力用心、用情、用爱、用力、用法的实现培根铸魂，启智润心的教育目的。

艺术院校依托国家重大演出加强学生思想政治教育路径研究

李 岳

中国民族民间舞系本科生党支部书记、中国舞党总支辅导员

【内容摘要】 艺术院校学生拥有较多承担国家重大演出任务的机会，国家重大演出既是党和国家赋予艺术院系学生的光荣任务，也是开展大学生思想政治教育的有利契机，依托这些任务，艺术院校可以让学生在艺术实践中加强思想政治教育，增强思政工作有效性。本文以北京舞蹈学院中国民族民间舞系为例，系统论述庆祝中华人民共和国成立70周年联欢活动中，系部开展思想政治教育的主要做法和已有的成功经验，研究学生参加活动后个人总结文本，提炼学生思想变化关键词，为以后学生参加国家重大活动时，开展思想政治教育工作提供有益借鉴。

【关键词】 国家任务；艺术教育；思想政治教育；实践育人

国家重大演出任务往往伴随着较大的国家庆典或重大会议等活动展开，这些活动会成为较长时间段的热门词汇和讨论焦点，依托全国人民和各级各类宣发机构的广泛宣传，艺术院校可以借助社会整体氛围活跃的有利契机，对开展思想政治教育工作取得事半功倍的效果。作为地处首都的艺术院校，北京舞蹈学院中国民族民间舞系师生更是在近年来，以不同形式参与庆祝改革开放40周年文艺晚会、"一带一路"国际合作高峰论坛文

艺晚会、庆祝中华人民共和国成立70周年系列活动等重大演出任务中，梳理和探索出了加强学生思想政治教育的有益经验和做法，在学生的反馈中也体现出较好的思想教育意义。

一、在国家重大演出中多角度开展学生思想政治教育工作

国家重大演出和排练活动历时长、任务重、要求高，参加的师生有充分的认识和磨合机会，在这一较长的过程中，艺术院校可以结合活动性质和任务内容特点，随机开展思想政治教育工作，加强思想动员，营造良好氛围；建立工作制度，规范学生管理；完善评优机制，增加事迹宣传，多角度、多层次地开展教育，使学生有更多机会提升自己的思想道德水平。

1. 加强思想动员，营造教育氛围。

国家重大演出任务下达前，往往较为突然，没有提前预判的可能，学生们都已经制定了学习、排练、比赛、与家人团聚、陪同生病家人等安排。通知下发后，小部分学生面对没有假期和休息，思想上无法很快转变，这就需要学校、二级院系等单位根据学生实际情况和困难，对有困难的学生主动解决问题，解决思想负担，这也是艺术院校解决学生切身困难，加强思想政治教育的宝贵机会，学生思想转变和积极态度的建立，正是在这一时期完成的。俗话说"万事开头难"，重视初始阶段的工作，可以为后续工作有力开展起到事半功倍的效果。

进入排练日程后，重大演出活动往往参与人数众多，面对排练人数众多，道具复杂，节奏不紧凑和部分演员学习动作较慢等问题，艺术院校部分学生会从专业视角出发，指出非专业演职人员排练效率有待提高等问题，伴随着情绪上的懈怠，对自己的排练状态要求也随之降低，出现迟到、早退、不参与排练等情况。这就需要带队教师从培养爱国主义角度出发，重点培育学生专业精神与爱国爱校精神的融合，始终坚持立德树人的根本任务，全面提高人才培养能力，找准立德树人与艺术学生人才培养结合点，不断增强学生综合素养。在排练过程中，绝大多数参与的学生能做到不怕苦、不怕累，保持着我参与、我光荣的思想状态，涌现出了一大批

好人好事和优秀事迹。

系部持续关注参训学生精神建设，鼓励学生做到互帮互助，团结友爱。同学们经常不顾排练的劳累，主动照顾生病卧床的其他同学，有余力的学生帮助大家收发道具服装，规整排练纪律，或是发挥专业优长，协助编导帮助其他参演人员掌握动作，为整个重大演出任务的圆满完成，贡献自己的理想和才智。

2. 建立工作制度，规范学生管理。

为加强对参加重大演出任务学生的管理，中国民族民间舞系根据实际情况，设立了"系部—班级—宿舍"分层管理的架构，通过线上线下多层次加强参与演出任务学生的管理。在线上，通过应用微信平台设立"宿舍长群"，每天在群内完成考勤、通知和收集学生信息等管理工作；设立"排练队长群"，每天交流排练日程和排练问题；设立"临时党支部群""宣传工作群"等，定期处理相应的工作。在线下，系部制定了排练期间的学生管理办法，明确了表现优秀和表现较差学生的奖惩措施。系部带队教师轮流值班，每天至少有一人参与演出任务排练，每到关键时刻，利用各种机会激励鼓舞学生，同时鼓励同学们保持高昂的精神状态，有效地投入紧张的排练之中。对表现较差的学生，系部教师通过面谈、电话和微信等通信工具与其单独谈话、交流，有效地抑制了偷懒学生的不良想法，保障了团队的凝聚力和向心力。根据每天排练日程，遇到重大时间节点或传统节日，多次组织领导、教师到基地慰问。增强学生树立保密意识、规矩意识，不在新媒体平台发布敏感和涉密信息，保证学生在重大演出任务中零泄密。

为更好地完成国家重大演出任务，艺术院校还可以根据任务性质或编组情况成立临时党支部，重点把握党员等先进分子，让他们起到模范带头作用。同时，可以根据任务情况，加强党员和积极分子的理论学习，设计不同主题，安排每天学习值班表，在党员群内学习党的理论文章、与任务相关的基本知识和红色教育素材，提升党员和积极分子的理论文化素养。

3. 完善评优机制，增加事迹宣传。

在国家重大演出任务中，面对重重困难和考验，会涌现出一批认真负责、热心助人、勇担重任的优秀学生和干部，通过完善评优机制和设立奖惩措施，可以做到赏罚分明，明辨是非的作用，对维护排练和演出秩序，加强团队荣誉感和凝聚力有非常重要的作用。在参加演出任务学生中，开展"先进人物"评选活动，表现突出者，将在上级评奖评优中优先推荐，在推优入党中优先推荐。对表现较差的学生，设立处罚记录单，依据不同层级的问题，给予通报批评、考虑取消参与学院和系部组织的专业实践演出机会等处罚，从制度上保证了学生积极参加排练工作，保障活动排练顺利进行。还可以分类分组开展"参加任务感受交流会"，每位成员依次发言，交流参加任务的感想与心得，共同分享与提高，疏导共同问题，相互扶持鼓励。在庆祝中华人民共和国成立70周年任务中，中国民族民间舞系结合对优秀积极分子的综合考察、学习情况和排练情况，发展了三名党员，这就是对优秀学生的最大肯定，也为其他参与演出任务的学生树立了标杆和榜样。

国家重大演出任务排练周期长，动辄一两个月以上，这就需要专门成立宣传工作组，随时记录发生的重大情况，加强好人好事、先进事迹、暖心时刻等的报道和记录。中国民族民间舞系依托班级建制，每班设立宣传员，轮流记录每日发生的大事小情，用文字和图片的形式予以展示。同时抽调精兵强将加入系部宣传工作组，做好拍摄、记录一些较大活动的宣传报道工作，做到重点时刻与平时相结合、优秀事迹与学生群相结合、教师编导指导与学生排练日常相结合，点、线、面有机统一完成事迹宣传工作。

二、参加国家重大演出后学生思想成长上萌发新感悟

中国民族民间舞系学生广泛参与国家重大演出任务，近年来，参与庆祝改革开放40周年文艺晚会的有50多人、"一带一路"国际合作高峰论坛文艺晚会的有50多人、庆祝中华人民共和国成立70周年系列活动的有105人，这里面有很多人员参与多次演出活动，本报告以参与庆祝中华人民共和国成立70周年系列活动的105人，5万余字的个人总结为研究文

本，通过一些关键词，查看关键词性质和出现的频率，梳理出在参加国家重大演出后，学生思想成长萌发的新感悟、新变化。

1. 通过参加国家重大演出，学生爱国精神得以彰显

通过研究参加庆祝中华人民共和国成立70周年系列活动学生的个人总结可知，出现频率最高的就是爱国类的词语，如"任务"出现了196次，"祖国"出现了161次，"党"出现了107次，"中国"出现了102次，"爱"出现了90次，"国家"出现了66次，"民族"出现了63次，"贡献"出现了63次，"中华"出现了43次，"自豪"出现了41次，"骄傲"出现了34次，"爱国"出现了32次等。伴随着这些关键词，根据前后文语境，大多数关联的词语是"热爱祖国""爱国情怀""爱党爱国"等短语。由此可见，通过国家重大演出任务和与之相关的思想教育，可以使学生爱国精神得以彰显，也让学生对党和祖国历史进程的伟大成就以及中华人民共和国70年的飞速发展获得了较为直观的感受，参加国家重大演出任务的过程就是一堂生动的爱国思政课。

2. 通过参加国家重大演出，学生对专业认同有较强增长

通过研究参加庆祝中华人民共和国成立70周年系列活动学生的个人总结，可以发现学生对舞蹈专业的热爱和对艺术的执着。如"排练"出现了514次，"演"字出现了349次，"舞"字出现了139次，"演出"出现了118次，"严格"出现了77次，"表演"出现了76次，"舞蹈"出现了66次，"演员"出现了38次，"理想"出现了37次，"动作"出现了22次，"道具"出现了15次。将关键词连接成短语，大多是"严格要求自己""重视排练过程"等短语。由此可见，参加中华人民共和国成立70周年系列活动的过程，也是职业精神培育和舞蹈专业学生对本专业认同的过程，通过在舞台上或天安门广场上的表演，学生实现了自己的舞台梦、表演梦、演员梦，并将自己的理想信念融入国家重大演出任务的执行和中国梦当中，实现了更加伟大的梦想，对专业的认同也得到了升华与提高。

3. 通过参加国家重大演出，学生在个人能力上有较大提升

研究参加庆祝中华人民共和国成立70周年系列活动学生的个人总结后，可以看到参演学生不仅在爱国精神、专业认同上得到了较大的增强，

在个人能力上有较大提升,在规矩意识、保密意识、责任意识、协作意识等方面也得到了明显提高。如"团结"出现了120次,"保密"出现了85次,"学习"出现了79次,"配合"出现了67次,"制度"出现了67次,"责任"出现了60次,"帮助"出现了60次,"协作"出现了58次,"遵守"出现了43次,"困难"出现了26次。将这些关键词组成短语,比较常出现的是"团结协作""保密意识""遵守制度""积极配合""责任感""相互帮助""不惧困难"等。由此发现,参演学生在执行国家重大演出任务中,得到了与在学校课堂上差异很大的教育,在成千上万人的不断排练与磨合中,他们更加注重服从规则和团结协作,对出现特殊困难的学生也能做到互帮互助,照顾伙伴,增强了集体凝聚力,在个人社交能力、社会认知能力、抗挫折能力和奋斗精神上,也得到了较大的提升。

三、不断探索依托国家重大演出加强学生思想政治教育新方法

参加国家重大演出任务的高校有很多,除了北京舞蹈学院中国民族民间舞系之外,还有其他高校及本校其他院系,不同院校结合自身特色和参与活动特点,都有一套独特的加强学生思想政治教育的方法和经验,结合相关总结、新闻报道和论文编著,总结出了对艺术院校可用的其他方法和经验,以便在今后的国家重大演出任务中加以改进和运用。

1. 国家重大演出任务中的思想政治教育体系可以更加完善

艺术院校学生参与国家重大演出任务不仅是学校学生管理部门或教学单位的任务,更应秉持全员育人、全方位育人、全过程育人的精神的体现,融合各部门、各教学单位之力,全面加强国家重大演出任务中的学生思想政治教育工作。在排练演出的较长时期内,让学生从眼看、耳听、口说、身体感知等多方面融入学校对学生的思想教育氛围中,在现有工作基础上,因时因事开发与执行的国家重大任务内容有关的课程与培训,让学生充分认识到自己参与工作的艰巨性、复杂性和荣誉感。加强相关工作人员的培训和管理,保持信息畅通和有效,对学生出现的伤病、后勤保障等切实相关的问题予以解决,敦促编导组科学合理制定排练日程,合理安排

学生作息时间，在排练间隙适当安排思想教育活动和课程，让学生有时间和机会做事，做有意义的好事。重视党员、教师的表率作用，树立学生身边的榜样，真正做到引领他人、服务他人，成为排练和管理上的双重骨干。

2. 国家重大演出任务中的思想政治教育载体可以更加丰富

国家重大演出任务具有保密性，在排练和演出期间，学生电子产品不能拿到训练场地，而且与排练有关的内容也不能上传网络，这就限制了线上方式开展思想教育活动，但是线下的载体已足够丰富，艺术院校可以发挥专业特长开展活动。在学生能看到、听到的思想教育素材上，可以开展文艺会演、演讲比赛、制作活动展板，定期播放与活动主题相关的影视作品，通过这些活动，达到调节生活、凝聚意识、促进排练的良好效果。在排练中期，还可以开展民主生活会，针对学生在排练期间的表现开展批评与自我批评，正确看待排练过程中出现的问题，坚决杜绝迟到早退、偷奸耍滑的现象，弘扬正气。开展心理健康教育活动和重点学生谈心谈话工作，对学生遇到的实际问题及时解决，对学生遇到的困惑加以解答，保证整个团队保持昂扬向上的精神。

艺术院校可以依托国家重大演出任务的有利契机，组织学生广泛参与各类活动，并在活动中不断加强学生思想政治教育，创新工作体系和载体，激发学生爱国热情和专业精神，提升个人能力和培养规矩意识、保密意识、协作意识等，使学生参与国家重大演出后，获得应有的精神财富和能力提升。

参考文献

[1] 杜卫. 论美育与艺术教育 [J]. 浙江社会科学, 2000 (06): 144-148. DOI: 10.14167/j.zjss.2000.06.035.

[2] 陈建国, 赵凤远. 以红色育人为特色的地方高校艺术教育模式的探索与实践 [J]. 临沂大学学报, 2013, 35 (05): 18-21.

[3] 刘冬晔. 基于艺术教育视角的大学生社会主义核心价值观培育路径

创新 [J]. 教育与职业, 2015 (13): 60-62. DOI: 10. 13615/j. cnki. 1004-3985. 2015. 13. 020.

[4] 肖亮, 赵黎明. 互联网传播的台湾旅游目的地形象——基于两岸相关网站的内容分析 [J]. 旅游学刊, 2009, 24 (03): 75-81.

艺术院校红色文化资源艺术传承实效研究

——以北京舞蹈学院为例

朱金奕

中国舞党总支组织员、北京舞蹈学院副教授

【内容摘要】艺术院校积极推动学习贯彻习近平新时代中国特色社会主义思想往深里走、往实里走、往心里走,进行理论武装方式方法的创新,强化文化自信对理想信念的涵养支撑,加强党性教育的学科体系建设,真正做到入脑入心、刻骨铭心,全面提高党员红色教育的针对性、精准性和成效的持久性。

【关键词】文化资源;红色文化;艺术传承

红色文化是中国共产党把马克思主义基本原理同中国具体实际相结合,在带领中国人民进行革命、建设和改革开放伟大事业的历程中,积淀和孕育的所有理论成果、物质文化和精神财富的综合。中华优秀传统文化是红色文化产生和发展的重要源泉。一是红色文化赋予中华优秀传统文化新的内涵。红色文化的理论形态丰富了中华优秀传统文化的思想文化宝库。中国共产党人把马克思主义基本原理同中国具体实际相结合,推进中国革命、建设和改革开放伟大事业的过程中,产生了毛泽东思想、邓小平理论、"三个代表"重要思想、科学发展观、习近平新时代中国特色社会主义思想等马克思主义中国化的重大理论成果。二是红色文化体现了中华优秀传统文化的精神实质。马克思主义作为一种外来文化，在中国化的过程中必然会与中华优秀传统文化产生矛盾和冲突。中国共产党人在引进、传播马克思主义理论时，结合中国实际完成了对马克思主义话语体系的转换，使马克思主义更易于为普通百姓所接受和理解。三是红色文化开辟了中华优秀传统文化的前进方向。红色文化是在中华优秀传统文化与马克思主义的融合过程中孕育和发展起来的，为中华优秀传统文化开辟了前进方向。

红色文化资源形成于特定的革命年代，是中国共产党领导中国全体人民进行艰苦奋斗、勇于抗争的集中体现。红色文化资源形成于中华广袤大地，时刻砥砺中华儿女坚定前行，无时无刻不彰显时代精神和时代特点。一是红色文化资源具有先进性。红色文化资源形成是马克思主义理论融合中国革命实践产生的最终结果。二是红色文化资源具有民族性的特点，是特殊历史时期对中华民族传统文化继承与发展的结果。三是红色文化资源具有育人性的特点。红色文化资源承载的鲜活历史人物和历史事件中，蕴藏着巨大社会正能量。不仅书写了我国近现代以来社会发展的演进轨迹，也给后人留下了宝贵的教育资源和精神营养，还是培育、践行社会主义核心价值观的第二课堂，是一种能够增强大学生思想政治教育中理想信念教育、德育、法制教育的实效性经典素材。

一、研究背景

一是党和国家政策引导支持。2022年10月，在中国共产党第二十次全国代表大会上，习近平总书记强调，弘扬以伟大建党精神为源头的中国共产党人精神谱系，用好红色资源，深入开展社会主义核心价值观宣传教育，深化爱国主义、集体主义、社会主义教育，着力培养担当民族复兴大任的时代新人。弘扬红色文化是实现高校立德树人目标的重要途径。高校深入贯彻中共中央《关于培育和践行社会主义核心价值观的意见》要求及党的十九届五中、六中全会精神，深入挖掘学院红色资源，发挥党史和中国优良传统，探寻红色资源的独特魅力。

二是高校艺术院校的支持。"习近平总书记高度重视红色资源的保护、管理和运用，反复强调要把红色资源利用好、把红色传统发扬好、把红色基因传承好，为新时代艺术教育用好红色资源提出了任务，指明了方向。贯彻落实习近平总书记指示精神，就需要将红色文化资源从多条路径上融入艺术教育。"[1] 如北京舞蹈学院从多方面鼓励各级党组织积极开展红色文化教育，同时组织带领师生以实际行动践行红色文化教育内容。

三是在新时代，加强对红色文化资源的研究和保护，是传承红色文化、红色基因与红色精神的重要途径。将红色文化资源融入艺术高校思想政治教育中，将红色文化教育转化为教育、宣传的力量成为理论与现实性的重要问题。为了更好地弘扬红色文化，将红色资源与党建和思想政治教育研究相对接势在必行。

二、研究意义

首先，从理论意义上，研究红色文化资源融入高校思想文化教育，认真总结以红色教育、红色资源推动党建、思想政治教育内容，研究常态化工作机制，不断巩固拓展红色文化资源学习教育思路。深入学习贯彻党的二十大、党的十九届六中全会精神等，重视红色教育资源建设，推进党史学习教育入脑入心，进一步做到学史明理、学史增信、学史崇德、学史力行。引导全体师生悟思想、办实事、开新局，更好地用党的创新理论、红色革命传统把全体师生的思想武装起来，努力实现党的精神谱系与高等艺术办学体系的深度融合。

其次，红色学习教育不是一朝一夕、一蹴而就的事情，也不是空中楼阁，而是日积月累、循序渐进、由浅入深的、脚踏实地的学习实践过程。红色资源、红色文化教育作为艺术院校学习教育、思想教育立德树人的有效方式，因其蕴含独特的民族记忆和文化内涵，负载着党和人民的意志和社会发展需要，体现着民族精神，反映了党和国家发展的不同时期的政治思想、爱国情怀、价值观念、道德诉求，因此利用红色教育资源推动党建

---

[1] 巴图. 红色文化资源融入艺术教育的九个路径 [N]. 学习时报，2021 (006).

工作顺利开展，可以使党员学习教育更加有血有肉，党史学习教育内容、形式更加丰满。同时有利于红色文化的弘扬，有助于提升艺术院校思想政治教育工作载体多样化，并丰富其内涵、增加工作的感染力、说服力和效果等。

三、研究思路

学习中国共产党百年历史，赓续红色基因，传承红色文化资源刻不容缓。艺术院校结合自身特色、优势，不断从党的历史中汲取经验和智慧，充分发挥百年党史的育人作用，利用红色资源，加强党史学习教育、党建工作的影响和效果。一是赓续红色基因，推动红色文化资源传承的重要性和必要性。通过延续红色血脉，在红色资源的利用上进一步理解中国共产党为什么"能"、马克思为什么"行"，中国特色社会主义为什么"好"等重大问题等，夯实对中国特色社会主义的认同。二是以艺术院校红色文化学习教育为例，结合实际，通过挖掘红色文化的深厚内涵，发现蕴含红色文化、红色传统等的教育思想内涵、精神动力等。持续发挥红色资源在党建学习教育中的独特优势，分析党建工作是如何让革命传统教育、爱国主义教育实起来、活起来的。如结合完成学院"为人民而舞"百年百部作品的研究与演出等，在北京舞蹈学院党委的指导与鼓励下，艺术院校党员教师"率先垂范，以舞育人"，坚持在"为人民而舞"中践行党员立德树人的教育核心理念，传承红色基因，培养优秀的舞蹈艺术人才等；又如赴中共一大会址开展现场学习、走访革命前辈故居等，发掘具有震撼力的革命精神传承事例，让红色文化结合艺术院校特色，以强大的艺术凝聚力、高雅的风格展示出深刻而丰富的思想内涵，切实发挥红色资源的育人功能，突出多年来学院对红色资源的利用和红色精神的赓续在党组织学习教育中的重要作用。赓续红色基因的政治思想教育、文化传统学习教育融入理论学习、融入专业教育、融入校园特色文化建设中，可以积极营造良好氛围。在新时代背景下，在党史学习教育的常态化保证下，有助于丰富红色精神的思想内涵和孕育理想坚定的中国特色社会主义接班人。如从红色文化资源传承中了解师生的思想观念、精神信仰，并产生"润物细无声"的教育影响。一是结合党史校史学习，将红色文化宣传融入校园文化氛围建设中的活动影响。二是邀请专家、学者开展主题讲座、专题报告、学术讲座，走访专家先贤的故居等的活动。三是结合专业学习，举办红色文化教育活动等。紧扣红色文化主题，营造浓厚的红色教育氛围，使红色文化在校园内无处不在、无时不有。四是可以将研究主题融入学生社会实践活动，丰富红色文化教育载体。社会实践是大学生思想政治教育的重要环节，从认知、情感、社会性、技能、责任感、道德等方面培养优秀人才，是艺术高校立德树人工作的重要组成部分。红色教育是思想政治教育中不可或缺的一环，搭建传承红色文化资源的平台，可以为艺术院校大学生思想政治教育、教师师德师风的建设提供更加宽广的舞台。红色文化是建党百年来在长期奋斗建设中积淀的，本身就是从实践中得来，为思想政治教育提供天然的实践阵地。五是融入网络、新媒体技术，打造红色文化传播阵地。艺术院校利用新媒体新技术，创新方法，发挥网络信息优势。推动党的思想教育工作优势同新媒体技术融合，提升红色文化的传播效率，增强党建和思想政治工作的时代感和有效性。六是结合党组织工作特色，探讨如何在全面深入红色文化资源学习教育中，在学习方法和载体上进行大胆创新，以期收到更好的学习教育效果。通过分析提出红色文化资源传承的进一步思考。

四、研究内容

红色文化资源与思想政治教育工作、党建工作具有高度契合度，既有理论、实践基础支撑，又是当今时代教育发展的重要趋势之一。

1. 坚持红色文化理论学习

按时完成二级理论中心组学习、全体师生理论学习等，加强师生的思想修养和文化内涵，展开多项学习教育活动。坚持"请进来"与"走出去"相结合、"线上"与"线下"相结合积极开展红色教育。

一是在校完成理论学习。如召开艺术院校庆七一优秀党员宣讲会；组织师生认真观看习近平在庆祝中国共产党成立100周年大会上的讲话等，并展开系列宣传教育。各级党组织通过组织全体师生进行政治理论学习，坚持与时俱进、及时提高的理论学习要求，举行"学党史·追寻百年历史中的艺术记忆"等，邀请学校领导、专家教授开展学习教育讲座等主题教育活动。

二是在"走出去"环节，党总支及各支部纷纷走出校门，从多方面、多角度，吸收红色文化知识，理解红色知识学习教育的重要性，如赴浙江嘉兴、上海中共一大会址，完成专题学习，开展红色文化资源教育实地学习；组织教师党员参观中国共产党历史展览馆等红色文化基地等，感受中国共产党人的人格力量和革命精神。

在"线上"学习环节，结合最新学习内容，定期发送"微党课"学习内容，并开展特色宣传活动等。通过多种形式的学习，全体师生进一步加强理论修养，并将在践行初心使命中深化理解，将红色文化学习内化于心，外化于行。

2. 坚持践行红色文化教育

一是加强课程思政建设。通过红色文化资源学习教育，艺术院校强化习近平总书记对思政教育工作的要求，大力推进课程思政全覆盖工作。共产党员以身作则，共同研讨思想政治教育与专业学科建设相融合的方式方法。

二是保障国家大型任务圆满完成。坚持党建引领、党建融入，北京舞蹈学院中国舞党总支师生积极参加"庆祝中国共产党成立100周年"大型情景史诗《伟大征程》文艺演出，以实践一线学习、工作情况为例，加强党建、思想政治教育，坚持红色文化精神传承。具体内容如下：

开展"食堂里的党课"活动。由北京舞蹈学院艺术院校组织，在训练基地开展了一堂特殊的党课。参加这堂党课的有党总支师生。通过活动，在排练任务时间紧张的情况下，鼓励学生认真学习红色文化知识、党的文化资源，保持"内心丰满，精神饱满"的状态，以内心的强大力量鼓舞、充实自身，圆满地完成国家重大任务。

青春献党、爱心有我——艺术院校驻地学生党员献爱心活动。党总支结合献爱心活动，组织学习党的革命精神、红色文化、革命人物的英雄事迹。2021年，艺术院校驻村全体学生共计捐赠5540元。此次活动体现出北舞学子通过红色文化教育，以爱心传递温暖，以赤诚之心报效祖国，展现了乐于奉献、勇于担当的精神品质。新发展党员、入党积极分子以实际行动再接再厉、砥砺前行，以舞赞党，以优异的成果向党的百年华诞献礼！

毕业生党员对话学生党员、积极分子——谈面对国家大型活动的责任与担当。青年是整个社会力量中最积极、最有生气的力量，国家的希望在青年，民族的未来在青年。在国家重大任务排演期间，为加强驻地学生党员的党性学习、责任意识和革命精神传承，党总支邀请了来自中国歌剧舞剧院的王菲、余伟靓、黄腾和王梓四位参与排演的毕业生党员，召开以"面对国家重大任务的责任与担当"为主题的座谈会。

党旗飘飘、为党育人——党建教育在一线。党总支领导及驻地值班教师在基地会议室举行积极分子证书颁发仪式。仪式上，党总支领导对参加排演任务的全体入党积极分子表示慰问，强调要在国家大型任务完成过程中，要传承"五四精神""红船精神""八一精神"等，希望在今后的培养考察过程中，持续以入党积极分子的身份要求自己，并做出积极表率。

多次召开入党积极分子座谈会。中国舞党总支师生在阅兵村召开入党积极分子座谈会，总结排练内容，回溯党的历史，科学认识党的文艺教育方针，再接再厉，传承中国艺术实践精神！

不负青春、不负党——党员发展在一线。在党和国家的安排部署下，在红色文化精神的感召下，党总支全体党员、入党积极分子发挥先锋模范带头作用，主动克服排练、生活上的困难，出色地完成"庆祝中国共产党成立100周年"大型情景史诗《伟大征程》文艺演出任务。排演过程中，受中国共产党精神的感召，受党员无私奉献、爱岗敬业等精神感染，在排演中师生主动递交入党申请书、思想汇报。通过参加大型情景史诗《伟大征程》文艺演出排练，排演的同学身心受到洗礼，通过文字、行动抒发对中国共产党的热爱。

不负韶华、不负团——团员发展在一线。为了更好地完成党组织梯队建设，加强青年学生思想政治教育、红色文化教育，加强对团总支的指导，筑牢团组织建设的思想基础，优秀的北舞学子们纷纷递交入团申请书。

中国舞党总支在建党百年，推出大型教育宣传矩阵。百年岁月，中国共产党带领人民进行革命、建设、改革，始终坚持一切为了人民、一切依靠人民，把人民对美好生活的向往作为奋斗目标。百年辉煌历程，恰是风华正茂，人民至上的伟大光辉，照亮实现中华民族伟大复兴的征途。党总支在 2021 年对建党百年、红色文化进行集中宣传，推出如"党啊，我想对您说！"诗朗诵等 15 期官微宣传，为红色文化教育、红色精神传承、党史学习教育、思想政治教育等拓宽了工作渠道。

三是坚持"为人民而舞"的创作导向，发挥实践教学和艺术创作育人功能。为纪念毛泽东同志《在延安文艺座谈会上的讲话》发表 80 周年及习近平总书记在文艺工作座谈会上的讲话发表 8 周年，向党的二十大献礼，党总支坚持新时代"以人民为中心"的创作导向，倾力完成《唱支山歌给党听》《杨家岭的春天》《那些故事》，大型舞蹈诗剧《沂蒙母亲》《大道薪火》等节目的创编、排练演出，做好学校"百年百部"舞蹈作品的复排工作，用舞蹈讲好党的故事、人民的故事，弘扬以伟大建党精神为源头的中国共产党人精神谱系。

通过红色文化资源学习教育活动，逐渐总结经验，梳理红色文化资源教育的对策。

一是用好理论学习的手段。重点是读原著、学原文、悟原理，首先要把原文学好，这些报告和文章都是从历史和现实相贯通、国际和国内相关联、理论和实际相结合的宽广视角对重大理论和实践问题进行深入的阐述，既高屋建瓴、大气磅礴，又鞭辟入里、深入浅出，把很多问题讲得很透，便于准确领会核心要义和精神实质。总结党的创新理论，研究分析经典艺术作品，传承红色文化传统，转化课堂教学和学术研究的鲜活案例，为红色文化资源建设注入源源不断的生机活力。

二是结合专业特色，用好思想发展实践教学这本鲜活教材。深入挖掘讲话、文章、政策背后的故事，做好统筹规划，形成整体效应，以生动的实践教学，推进新思想往心里走。贯彻执行党的与时俱进、"以人民为中心"和"以精品奉献人民"的创作导向，传承中华优秀传统文化，努力探索将党的精神谱系融入新时代艺术教育中。

三是党组织践行党和国家号召，在学院党委领导下，在完成党和国家重大艺术使命中宣传党的精神谱系，引导师生践行爱党爱国情怀。在关键时刻听党指挥、听党召唤、为党服务，积极实现党建和专业教学、艺术实践、思想政治教育相结合。

五、结　语

充分释放红色文化资源的时代价值、有效发挥红色文化资源在党建和思想政治教育中的育人功能，着力丰富实践路径、特色发展途径。将红色文化资源有机融入教育的"三个课堂"，实现理论教学主渠道作用，实践活动主阵地作用、网络媒体新课堂创新作用，并且使三者相互促进、有机互动、深度融合。

1. 畅通理论教学"主渠道"

利用课程思政要求，积极发挥学生思想政治教育的主渠道，将红色文化资源融入主渠道建设，关键将红色文化资源转化为优质教学资源，打造富有特色的"最美课堂"。将承载红色文化资源中的人物、事迹、精神等贯穿于思想政治理论课和专业课程建设中。促使红色文化资源转化为学生的精神养分。将红色文化资源融入艺术史论课和艺术实践课内容，着力于内容的整合与方法的创新等。一是注重内容的有效整合。教师从整体上把握教学内容，摸清教学框架与学生特点，并从整体上掌握红色文化资源的表现形态、独特价值、作用机制等。在此基础上，挖掘红色文化资源与课程之间的独特关联性和相互匹配性，找准课程的不同内容板块，利用红色文化资源开展教学的切入点与侧重点，使红色文化资源与教学内容浑然一体。二是注重方法的创新。教育方法是实现思想政治教育目标的重要环节，运用好红色文化资源，需要创新红色文化教育方法。需要针对红色文化资源的特质，创新讲授与实践相结合、现实体验与理念认识相结合、叙事教学与案例教学相结合等丰富多样的教学方法。教学方法的创新服务于将红色文化资源转化为滋养大学生成长成才的营养，努力做到始终突出红色文化资源的育人特性。

2. 筑牢实践活动"主阵地"

实践活动是思想政治教育、师德师风教育的主阵地，包括校园文化活动、艺术实践等。将红色文化资源渗透到主阵地建设中，着力将红色文化资源蕴含的精气神融入教育情境中，创设富有感染力的红色情境，让师生在亲临亲历中寻找红色记忆，增强对红色文化的认同感。同时关照校内与校外两个维度。积极打造以红色文化为引领的校园文化活动。因地制宜地发掘党史校史中国艺术教育史上的英雄人物、英勇事迹，加强舞蹈教育、文化宣传的感染力；抓住入党仪式、开学典礼、毕业典礼、重大国家任务完成等重要节点，开展特色鲜明的主题活动，以庄严盛大的场面震撼人、以严肃庄重的形式感染人；推动志愿服务常态化，以强大的正能量涵育人。二是打造形式多样的社会实践活动，帮助师生深切感知红色精神，提升思想境界。红色文化资源既具有全国性，又具有地方性、民族性，加强校地合作、支部共建等，利用好红色文化资源打造稳定的实践育人路径。依托红色文化资源教育，激发师生强烈的爱国情怀，传承革命精神，更加坚定走中国特色社会主义道路的信心。

3. 占领网络媒体"新课堂"

网络已成为开展学生思想政治教育的重要场所。同时，受新冠疫情影响，教师越来越熟练使用网络设备，了解、学习最新的网上资源，完成线上教学工作。教师将红色文化资源有机融入网络新课堂，突出红色主旋律，建设富有生命力和吸引力的教育内容，开展红色文化特色活动。即将红色基因有效融入网络建设，唱响网络红色主旋律、弘扬网络正能量。创设独具魅力的网络新课堂，让红色元素在教学育才中成为特色育人资源，达到红色文化宣传的积极效果。将红色文化资源有效融入网络新课堂，秉承内容创新的理念，不断推出红色文化精品。新媒体时代，要将红色文化资源在开发与研究中取得的最新成果，与学生的关注点相结合，创造出兼具历史厚度、思想高度、情感温度的高质量教育平台，更好地满足青年学生的需要。将红色文化资源有效融入网络新课堂，树立形式创新的理念，不断创新网络表达方式。在网络空间充分利用红色文化资源，遵循网络传播规律和学生网络学习规律，对传播内容增添更多创意，利用信息技术使红色文化资源活起来，达到打动人心的效果，发展红色文化资源的网络传播拓展空间。

参考文献

［1］张泰城，肖发生．红色资源与大学生思想政治教育［J］．教学与研究，2010（01）：72-77．

［2］朱小理，胡松，杨宇光．"红色资源"概念的界定［J］．井冈山大学学报（社会科学版），2010，31（05）：16-20．

［3］魏本权．传承与创新：构建具有中国特色的红色资源学［J］．井冈山大学学报，2009，30（02）：13-18．

［4］金伟，韩美群．"红色"虚拟实践教学在思想政治理论课中的运用［J］．思想理论教育导刊，2013（06）：77-80．

［5］邹新辉．红色文化融入思政课实践教学思考［J］．中学政治教学参考，2022（47）：116．

［6］阮李全，陈志立．井冈山革命遗址在高校思想政治理论课实践教学中的优势与运用［J］．毛泽东思想研究，2015，32（02）：137-141．

［7］欧巧云，甄凌．红色经典体验：高校思想政治教育实践教学范式创新研究［J］．湖南社会科学，2019（02）：155-160．

［8］尹君．红色文化资源利用与《中国近现代史纲要》课程实践教学探索［J］．中华文化论坛，201104）：173-177．

［9］陈坤，殷莎莎．红色文化：高校思想政治理论课实践教学的战略选择［J］．思想理论教育导刊，2017（04）：104-107．

艺术院校专业教师开展课程思政实现路径研究

——以北京舞蹈学院中国民族民间舞系为例

陈 苗

中国民族民间舞系本科生党支部委员

【内容摘要】着力培养德智体美劳全面发展的社会主义建设者和接班人，着力培养担负民族复兴大任的"有理想、有本领、有担当"的"时代新人"，是我们党在新时代关于"培养什么样的人、如何培养人以及为谁培养人"这个根本问题上，对高校加强和改进思想政治教育和人才培养的新定位、新要求、新任务。强调"立德树人"理念，推进"课程思政"实践，正是为实现这一目标所展开的教育教学改革。近年来，北京各高校在北京市教委的领导和推动下，积极打造思政课程体系建设，深入挖掘综合素养课程、专业课程中蕴含的思想政治教育资源，充分发挥所有课程的育人功能和所有教师的育人职责，逐步实现了"课程思政"教育模式。基于此，本文结合问卷调查方式，着重考察北京舞蹈学院中国民族民间舞系近年来推进"课程思政"的探索和实践，并就中国民族民间舞专业课"课程思政"的实现路径提出有针对性的建议。

【关键词】课程思政；舞蹈表演；教师

一、艺术院校专业教师开展课程思政的必要性分析

意识形态工作具有战略性全局意义，事关党的前途命运，事关国家的长治久安，事关民族凝聚力和向心力。面向大学生的思想政治工作具有前所未有的重要性。随着我国改革开放的不断深入，中国特色社会主义进入了新时代。新时代的中国既是经济与社会走向高质量发展的转型阶段，也是各种矛盾、各种问题、各种思潮更加纷繁复杂的历史时期。从国际来看，当前西方敌对势力对我国实施分化战略，社会主义核心价值观与西方所谓的"普世价值观"较量是长期且复杂的；与此同时，青年大学生正处于重要的成长阶段，其世界观、人生观、价值观还未定型，易受到各类思潮的影响。开展课程思政的必要性愈加凸显。

1. 艺术院校专业教师开展课程思政是全员育人的要求

2017年，中共中央、国务院在《关于加强和改进新形势下高校思想政治工作的意见》中提出"三全育人"，即坚持全员、全程、全方位育人。[①]在民族复兴的时代背景下，全员育人筑牢思想政治理论教育之基。艺术院校思想教育工作不应仅落在思政教师、党务工作者和辅导员的肩上，专业教师更应该成为加强政治引领教育的重要基石，围绕《关于加快构建高校思想政治工作体系的意见》等指导方针，抓好学生的思想政治理论素养提升工作，引导学生在马克思主义理论和习近平新时代中国特色社会主义思想等理论的熏陶下，坚定政治立场、树立科学价值观，将人生追求融入民族复兴的使命担当中。

2. 艺术院校专业教师以其对学生高度的影响力而具备开展课程思政的先天优势

艺术院校学生对专业教师的信任度极高。艺术院校专业教师在专业课堂运用马克思主义的立场观点和方法分析现实问题，回应学生在日常课堂教学中的实际需求，培养学生的理性思考能力和批判思考意识，引导和培

---

① 中共中央，国务院. 关于加强和改进新形势下高校思想政治工作的意见（中发〔2017〕31号）[A]. 2017-02-27.

养学生用正确的辩证思维、历史思维和实践思维从文化视角出发来客观看待社会、政治、经济现象，可以达到有效提升学生思想政治素质和能力的目的。与此同时，艺术专业课通常在艺术院校学生培养方案中所占比重较大。以北京舞蹈学院中国民族民间舞系为例，专业必修课占学生本科总学时的58%，因而是开展课程思政的重要阵地。另外，有相关研究表明，学习如果只停留在知识的表层就难以达到德性养成的目的，能够产生精神意义的学习一定发生在深度学习当中。"人们的思想是在客观外界条件和主观因素相互作用过程中形成、变化和发展的，这是思想政治教育应当遵循的最基本的规律。"① 需将深藏于知识的表层符号和内在结构之下的道德和价值意义与学习者的个人经验、生命体验建立深层关联，才能挖掘出知识所凝结的思想要素与德性涵养，从而促进学习者个体的精神发育。从这个意义上来说，艺术院校专业课由于其通常与学生身体训练相结合的特点，天然地就被赋予了将学生的知识与经验联结起来的途径，在达成学生精神成长的过程中可以起到显著的效果。因此，艺术院校专业教师具备开展课程思政的先天优势。

3. 课程思政是实现教育本义的途径

赫尔巴特早在19世纪就提出了"教育性教学"② 思想，指出，教学的内在要求是将知识传递与品德塑造相统一。联合国教科文组织2015年11月在《反思教育：向"全球共同利益"的理念转变》中也重申，教育的宗旨不仅关系到收获技能，形成完整人格也是重要组成部分，并以此作为推动教育未来可持续发展的关键。课程是维系教育者与教育对象、促使教育活动顺利开展的主要方式和载体，在广义上涵盖了学校一切有组织、有计划的学习活动。而"思政"是将一定的价值理念内化为信念、外化为行为的教育活动，其核心是精神素质的提升。基于"课程思政"的理念，课程"承载思想政治教育目的和任务，是思想政治教育目标的具体化，是教育主体和教育客体互动的中介"③，通过教学可以实现学生的精神成长，恰恰

---

① 郑永廷. 思想政治教育方法论 [M]. 北京：高等教育出版社，2010：7, 44, 169, 268.

② [德] 赫尔巴特. 赫尔巴特文集（三）[M]. 李其龙，等译. 杭州：浙江教育出版社，2002：12.

③ 熊建生. 思想政治教育内容结构研究导论 [J]. 思想理论研究，2007（7）.

是符合教育本义的育人方式。

4. 课程思政是满足社会对艺术人才需求的必经之路

随着经济社会的发展以及互联网技术的广泛应用，观众的审美品位、舞蹈表演主题、文艺作品传播方式都在经历巨大变化，艺术人才需求数量和结构较之前有一定差异。学校对艺术专业年轻学生的培养，应当首先满足学生精神成长的需要，而不是单单关注学生理智能力的培养，或是仅仅注重知识和技能的传递；围绕课程的教育活动在传递知识、培养能力之外，必须让年轻学生具备扎根于自己文化身份的品格与价值观，这才是他们迎接未来挑战所需的关键准备。在艺术专业课堂上开展课程思政是满足社会对艺术人才需求的必经途径。

综上所述，在当今复杂的形势下，为落实立德树人根本任务和贯彻新时代教育方针的基本要求，艺术院校单纯依赖思想政治理论课对大学生进行价值引导的局限性愈发凸显，需对艺术专业课全面开展课程思政工作。

二、影响艺术院校专业教师课程思政效果的因素分析

做好舞蹈表演专业课"课程思政"的推进工作，实现育人目标，要始终坚持因事而化、因时而进、因势而新的原则，与时俱进地促进课程思政建设。影响舞蹈表演专业课课程思政效果的因素，本文认为主要包括教师的观念意识、教师的知识能力、教材、课程设计和配套机制5个方面。

1. 教师的观念意识是有效开展课程思政的前提

中共中央、国务院就全面深化新时代教师队伍建设改革强调，"教师承担着传播知识、传播思想、传播真理的历史使命，肩负着塑造灵魂、塑造生命、塑造人的时代重任，是教育发展的第一资源，是国家富强、民族振兴、人民幸福的重要基石"[1]。美国管理学家波拉德认为，"人都是自己思想的奴隶，一个人的行为方式受制于其特定的观念和思想"[2]。教师自身

---

[1] 中共中央、国务院关于全面深化新时代教师队伍建设改革的意见. (2018-01-31). http://www.moe.gov.cn/jyb.xwfb/moe_1946/fj-2018/201801/t20190131_326148.html.

[2] 迟希新. 以育人为旨归的班主任核心素养[J]. 中小学德育, 2016 (5), 9-12.

的教育理念对其日常教育教学行为起到重要的支配作用。舞蹈表演专业教师应在观念意识上认同，大学生思想政治工作不仅是思想政治理论课教师以及班主任、辅导员等学生管理人员的工作，也是自己所承担的育人职责，从而将思想政治工作贯彻舞蹈表演专业教育教学的全过程，体现育人的价值导向。

2. 教师的专业能力和思想政治理论水平是开展课程思政的基础

教师是课堂教学的第一责任人，"课程思政"对舞蹈专业教师"经师""人师"的责任提出了挑战，舞蹈表演专业教师的舞蹈专业能力和思想政治理论水平直接关系到课堂教学效果、教学质量，直接关系到育人的成效。由于"大学生价值观教育的问题不只是价值取向问题，而是怎样培养人才和为谁培养人才的问题"[①]，因而，舞蹈表演专业教师必须加强自身修炼，注重个人舞蹈专业能力和思想政治理论水平的提升，通过反复学习马克思列宁主义、毛泽东思想、邓小平理论、"三个代表"重要思想、科学发展观，特别是习近平新时代中国特色社会主义思想，掌握并灵活运用马克思主义的立场观点和方法，成为先进思想文化的传播者、党执政的坚定支持者，才能更好地担负起学生健康成长指导者和引路人的责任。

3. 课程设计是有效开展课程思政的抓手

一方面，美国课程理论专家多尔曾经指出知识达成价值的三重结构路径：科学性、叙事性、与精神性。首先科学性是基本要求，要求解释课程知识所隐藏的原理与思维方式；其次进入叙事性要求，即注重课程过程中的经验参与和情境以来；最后是精神性要求，学生通过反思、感悟与觉醒等意义建构的过程获得课程知识内隐的精神和文化意义。在此过程中，如何通过课堂教学过程达到学生德行养成目的，课程设计就是最重要的途径。

另一方面，教育是以人为基础的活动。离开了教育对象，教育活动就失去了意义。大学生这类教育对象，是身心发展到一定成熟阶段且因为掌握了较多高深知识而具有一定独立的思想和判断能力的准知识分子群体。

---

① 刘潇. 价值引领：社会主义核心价值观融入大学生思想政治教育的思考[J]. 当代教育论坛，2016 (5)，34.

因此，对于这一群体的思想政治教育必须"遵循思想政治工作规律，遵循教书育人规律，遵循学生成长规律"①。因此，舞蹈表演专业课课程思政开展效果是否可得到最大化发挥，教学设计的重要性不容忽视。

因此，舞蹈表演专业课程体系是培养舞蹈表演人才的主干渠道，是帮助舞蹈表演专业学生树立正确世界观、人生观、价值观的核心课程，是有效开展课程思政的抓手。对新形势下加强和改进思想政治教育工作具有至关重要的作用。

4. 配套机制是有效开展课程思政的保障

考核是指挥棒，是导航仪，教师做什么和怎么做，在很大程度上取决于他们对考核什么和如何考核的看法。科学合理的课程思政绩效考核和激励机制，是推动专业课教师落实立德树人根本使命、改进思政教学的关键。

综上所述，舞蹈表演专业课课程思政教育的效果受到教师的观念意识、专业能力和思想政治理论水平、专业课教材、专业课程设计、配套机制5个方面因素的影响。

三、北京舞蹈学院中国民族民间舞系专业教师课程思政开展现状分析

为进一步贯彻落实习近平总书记在全国高校思想政治工作会议上的重要讲话精神，根据《中共中央国务院关于加强和改进新形势下高校思想政治工作的意见》、教育部《高校思想政治工作质量提升工程实施纲要》和《中共北京舞蹈学院委员会关于落实立德树人根本任务　全面推进"三权育人"工作实施方案》的相关要求，北京舞蹈学院中国民族民间舞系立足自身办学特色，结合本系人才培养的工作实际，有计划、有步骤地开展课程思政建设工作，在构建全员育人、合力育人的"大思政"教育格局方面做了诸多努力。为切实了解目前北京舞蹈学院中国民族民间舞系课程思政

---

① 习近平. 把思想政治工作贯穿教育教学全过程［EB/OL］.（2016-12-8）［2018-9-10］http://www.xinhuanet.com//politics/2016-12/08/c_1120082577.

建设的具体情况，以便就课程思政工作成效进行评估并提出有针对性的建议，笔者与部分教师进行了访谈；面向北京舞蹈学院中国民族民间舞系全体学生开展了问卷调查，回收有效问卷135份。问卷共设置了5—8道客观问题，包括舞蹈表演专业教师在课堂上开展课程思政的普遍程度、学生对课程思政的看法及原因等问题。通过对调查结果进行分析，得到以下结论：

1. 中国民族民间舞系教师课程思政观念较强

94.8%的学生指出"中国民族民间舞系几乎所有教师都在舞蹈表演专业课堂上进行过中国优秀传统文化或先进人物事迹的介绍"。以上数据表明，在"把思想政治工作贯穿教育教学全过程"和"高校教师要努力成为先进思想文化的传播者、党执政的坚定支持者，更好担起学生健康成长指导者和引路人的责任"等要求下，在学校对"课程思政"积极开展推广的工作推动作用下，中国民族民间舞系教师有效提升了思想认识，具备较强的课程思政观念，课程育人理念理解较为深入，很好地利用了课堂教学育人这一主渠道，发挥了一定的思想政治教育作用。

2. 中国民族民间舞系教师课程思政效果较好

80.3%的学生"非常欢迎"舞蹈表演专业教师讲授中国优秀传统文化、革命文化和社会主义先进文化等相关内容。以黄奕华老师讲授的"田野调查"课程为例，该课程于2020年春季学期通过线上教学方式进行，向2019级同学介绍了田野调查的历史渊源与实践步骤，并结合疫情期间线上教学的特殊情况，启发了同学们对"田野调查"的多维度思考，引导同学们灵活运用"田野调查"这一方法进行小组调查并完成报告写作，其间，将中国优秀传统文化、革命文化和社会主义先进文化相关内容与授课过程有机地进行了融合，对学生进行了有针对性的思政教育。

除此以外，中国民族民间舞系师生在北京舞蹈学院"课程思政"的新探索、根据习近平总书记讲述的十个红色经典故事编创的舞蹈诗《那些故事》中，参与了《沂蒙母亲》这一剧目的创作和演出。为了深刻理解沂蒙母亲王换于英雄事迹的时代背景和人物背景，时任中国民族民间舞系党总支书记兼系主任黄奕华，带领教师党支部书记兼2016级班主任秦丽秋和参加剧目排练的中国民族民间舞系2016级学生前往山东临沂沂南县实地调研采风。通过参观"中国红嫂革命博物馆",与博物馆讲解员、当地群众深入交流,学生们被以沂蒙母亲王换于为代表的无数中国红嫂甘于奉献、勇于牺牲的精神所感动,进而在舞蹈节目中完成了感人至深的人物刻画。与此同时,观看过包括《沂蒙母亲》等剧目的舞蹈诗《那些故事》的同学,都与舞蹈呈现的浓烈厚重的家国情怀产生了强烈的情感共鸣,纷纷表示要在今后的学习工作生活中继续紧跟党的脚步,为祖国更加繁荣昌盛而贡献力量。可见,革命精神与舞蹈艺术的有机结合,对于学生在树立正确的价值观、人生观、世界观方面起到了明显作用,达到了很好的思政教育效果。

3. 中国民族民间舞系教师理论水平仍有提升空间

中国民族民间舞系目前有专任教师31名,其中专职辅导员1名,专业舞蹈教师30名,教师队伍在专业分布上呈现较强的集中性特点,90%以上的教师持有音乐与舞蹈学或艺术学学位。在针对教师的培训方面,中国民族民间舞系多次邀请校内外舞蹈家、著名编导等为教师们开展了丰富的教师进修培训活动;政治理论学习活动方面,系部在二级中心组进行有规律性的理论学习,面向全体教师每月开展一次理论学习活动。以上情况,一方面保障了我系在舞蹈表演教学的高水平师资,另一方面也意味着教师专业背景较为单一,思想政治理论培训次数较少,思想政治理论水平尚待进一步提高。按照"四有好老师"①的要求,教师只有不断提高自身育人本领,树立坚定的理想信念,才能引领学生成长,"为学生点亮理想的灯、照亮前行的路"。

4. 部分课程的课程思政教学设计有待一步改进

目前,立足于办学特色和学科优势,北京舞蹈学院中国民族民间舞系经过逐步探索,以"田野调查"为课程思政示范课程,并有重点地选择一批课程进行试点建设,在此过程中发现和解决问题,根据学生反馈适当调整教学内容和教学方法,逐步培养"品牌课程",初步形成示范效应。在

---

① 习近平. 做党和人民满意的好老师——同北京师范大学师生代表座谈时的讲话[N]. 中国教育报, 2014-09-11.

此基础上，中国民族民间舞系总结"品牌课程"的经验，提炼出了较为符合课程思政建设的教学规律。这些课程了解学生需求、回应学生关切，得到学生一致好评。但是，问卷调查结果表明，67.7%的学生认为，教龄较长的教师在课堂上课程思政相关内容展开较多，会就中国民族民间优秀传统文化、我国革命历史、当前社会主义价值观与学生进行交流；43.4%的学生认为教师个人的性格特点对课程思政的实施效果有较明显的影响：外向型教师更倾向于在课堂上讲授课程思政相关内容。从以上数据可以看出，教龄较短或教师个人性格内向等因素会制约课程思政的实施效果。针对这部分教师所执教的课程，有必要结合教师综合素质情况，进一步合理规划课程思政相关教学设计，以提高课程思政实施效果。

5. 开展课程思政配套机制亟待完善

近年来，我国高等学校在坚持社会主义办学方向的基础上，大力加强学科、师资和科研等方面建设，高等教育事业取得了长足发展，为我国经济建设和社会发展做出了积极贡献。目前，各高校争创国家"双一流"建设，在对教师进行考核评价、职称晋升、评奖评优时，主要针对教师教学工作量、教学成果、科研成果和论文发表著作出版等指标进行量化考核，并不包括教师"课程思政"工作取得的成果等方面内容。在对课程进行评价时，基本针对课程实施和效果客观性评价，即以"那些更容易测量的维度来作为课程目标和进行课程评价，对于课程在促进学生认知、情感和责任感方面的发展，很多大学都不愿提及"[①]；根据"北京舞蹈学院教师工作量标准一览表"对教师工作的考核主要集中在教学工作量（包括课时量、其他教学工作量）、科研工作量（包括课题项目、出版物、发表论文、参加学术会议发言、专利发明）、校内其他工作量（包括班主任、教研室主任、兼职辅导员、兼职行政、兼职党务、兼职学术职务等）这三方面，而教师通过"课程思政"开展的学生价值观培育工作具有主观性和内隐性的特点，其实施效果由于考核难度较高也未能纳入课程评价体系。教师在教学科研工作上已投入较多精力，面对激励机制缺位以及课程评价制度片面

---

① 吴洪富. 透视美国研究型大学本科教学与科研关系的迷局[J]. 高等教育研究，2016（12）：94-102.

的客观情况，难以持续投入课程思政教研工作，可能不利于课程思政的推动开展和效果提升。

综上所述，从调查结果来看，中国民族民间舞系学生对舞蹈表演专业课课程思政效果的评价总体上是肯定的，但也应看到，在教师理论水平、部分课程教学设计、体制机制等方面仍存改进空间。

四、北京舞蹈学院中国民族民间舞系专业教师课程思政实现路径建议

课程思政所建构的精神是社会主义核心价值观倡导的精神，其肩负着不可回避的历史使命。应通过教师理论水平提升、课程体系建设、多学科合作、配套制度完善等一系列工作，构建"立德树人"系统化落实机制，把社会主义核心价值观融入课程教学的全过程，将专业课程的育人功能扩大化，把专业课程中的文化基因和价值范式转化为弘扬社会主义核心价值观的教学载体，帮助大学生校准理想信念坐标，引导大学生树立正确的世界观、人生观、价值观，唤醒责任意识和担当精神。就此，本文关于中国民族民间舞系实施课程思政提出以下几点建议：

1. 组织教师进行理论学习和赴兄弟院校交流，进一步提高专业教师政治理论素养

一方面，提高系部组织教师进行理论学习的频率，鼓励教师多阅读思想政治理论类原著并积极参与学习讨论，提升思政理论水平。另一方面，鼓励并组织教师赴兄弟院校舞蹈表演专业院系就课程思政实施经验进行交流学习。

2. 按"教学内容—教学设计—模板课程—全系推广"等步骤稳步推进课程思政建设工作

在学校的统一管理下，系部作为办学主体，在人才培养方案制订、专业建设和课程改革开展、教育教学活动组织实施、教师培训开展、教学管理和考核、教学质量保障等方面发挥着重要作用。与此相适应，课程思政的建设和实施，也应成为系部内涵建设的重要内容，确保各门课程人才培

养质量。目前，系部已经将"田野调查"作为"课程思政"示范课程并开展了一系列实践研究。

提升课程思政效果的前提，要加强顶层设计，注重课程体系组织设计的质量把控。课程思政，应将思想政治教育的要求与课程自身的思想政治教育内涵相融合，使思想政治教育因子融入课程之中，赋予思想政治教育以鲜活的生命力，同时丰富专业课自身内涵，挖掘其育人价值，拓展其教育教学功能。而如何基于课程视角科学设计课程思政是一个亟待破解的难题。系部接下来的具体工作，可分以下几个步骤进行：

第一步，教学内容上，组织以教研室主任、辅导员、各班班主任为核心的团队开展课程思政元素挖掘工作，绘制课程思政元素地图。

充分发挥教研室主任的指导作用，组织协调辅导员、班主任、各教研室骨干教师开展课程思政元素挖掘研究。一方面，借助辅导员和班主任的视角，充分考虑学生学习特点、认知规律和心理特征。另一方面，发挥教研室主任和骨干教师的专业优势，充分认识中国民族民间舞系的几类专业课——舞蹈基本功训练、中国民族民间舞基础训练、中国民族民间舞剧目等不同类型课程的差别和特点，具体问题具体分析，找准思政元素与专业知识的契合点，将家国情怀、社会责任、道德规范、法治意识、思想品质、科学精神、创新能力、人文底蕴等要素融入课堂。就每一类专业课，遵循"思政""专业"相长原则，仔细绘制课程思政元素地图，明确课程中每个思政元素的切入点，厘清思政元素与专业内容之间的关系，梳理各思政元素之间的关系，做到心中有数、有迹可循。

第二步，在教学方法上，组织教研室继续讨论并完善课程设计。

要发挥调研室主任的带头作用，分别组织教研室就该教研室指导的课程进行研讨并完善课程设计方案。

一方面，应注重满足学生需求。课程设计应以激发学生学习兴趣、引发学生主动思考为出发点，注重提升课程针对性与教师亲和力，创造平等和谐的教育氛围；坚持教育需要与教育实效相结合的原则，突出核心课程风格并解决学生所关心的现实问题，充分调动学生的积极性，以便在最大限度上实现学生的心理共鸣，使学生在不知不觉中接受思政教育，达到与人才培养目标高度一致的效果。另一方面，应勇于创新教学手段和教学载体。"互联网+"时代以其信息传播的迅捷性为中国民族民间舞系舞蹈表演专业课"课程思政"的展开提出了新思路，我们要积极拓宽育人的思路、改善育人的环境、创新育人的方法，尝试借助新兴媒体工具，更有效地践行"立德树人"的人才培养目标。① 教师可以通过"雨课堂"、微信朋友圈等新型电子平台，了解学生思想动态，并分享传播可以体现社会进步真理性、与时俱进的时代性和强烈思想吸引力的图文资料，寓社会主义核心价值观精髓要义于多样化课堂教学之中，让学生在潜移默化中深受教育与浸染。再一方面，应鼓励学生个人或团队做延伸性学习或研究。问题是时代的声音，人心是最大的政治。抓住问题才能抓住人心。主要结合专业，引导学生思考和探究国计民生中的热点问题，就能做到"思政"与专业相长，达到事半功倍的育人效果。例如，"田野调查"2020年春季课程，鼓励学生结合"居家抗疫"的实际，搜集相关资料，自选感兴趣的题目分组开展调查。通过对疫情期间与舞蹈相关话题的社会调查，学生们将课堂所学的方法技巧与现实生活联系起来，在研究疫情期间人们学习生活的特点和变化等问题的同时，对祖国带领广大群众初步取得抗疫工作胜利的事实有了更直观的认识，学生收获很大、反馈积极，获得了很好的思政教育效果。

第三步，打造一批课程思政模板课程，逐步在全系范围推广课程思政建设工作。

一方面，各专业老师可现场观摩"品牌课程"的教学过程，亲身体验如何在专业课程中融入思想政治教育理念；然后根据课程思政的教育规律，参考课程思政元素地图，结合自身所教课程具体情况，对原有的课程大纲作出补充和完善，做好相关内容的教学设计，并在实践教学中不断探索和调整总结经验得失，最终形成融入课程思政理念的专业课程。另一方面，各教研室主任、课程思政示范课程主讲教师可对其他专业课教师开展富有针对性、示范性的课程思政教学指导，引导教师在遵循教学规律、不

---

① 李芳莹，眭依凡."互联网"时代大学如何守持育人使命［J］.清华大学教育研究，2018（2）.

偏离教学目标和课程特色的基础上，不断融入思想政治教育理念，形成常态化的"老带新"制度。

3. 推进建立中国民族民间舞系与思政部关于课程思政的合作机制

中国民族民间舞系专业课的课程思政建设，需要思政课教师和专业课教师密切合作。这一点在课程思政开展的初期尤为重要。比如，专业课教师一般对于到底什么构成思政内容、哪些内容才是最核心和最重要的认识还比较模糊，难以准确把握课程蕴含的思政元素。为了更好地识别和挖掘课程的思政元素，专业课教师在提升自身思政素养和能力的同时，也需要思政课教师的指引和帮助。系部可通过与北京舞蹈学院思政部建立联结，搭建便利两部门教师合作的平台，如鼓励舞蹈表演专业教师与思政课教师互相进课堂听课、组织集体备课、召开专题研讨、合作撰写论文和申报课题等，发挥思政教师队伍对课程思政建设的辐射带动作用，同时提高专业课教师的思政素养和能力。

4. 就课程思政实施情况引入督导和学生评分环节，逐步健全评价机制

实施课程思政，需要将课程教学评价、学习效果评价从单一的专业维度，向人文素养、社会责任感等多维度延伸，综合运用客观量化评价与主观效度检验，过程性评价与终结性评价等多样的评价方式，细化对教师教学活动的指导和对学生学习效果的测量。

一方面，需在评价机制中引入督导制度，对教学过程予以评价。系部可成立专门的督导小组对课程思政的开展实施情况予以督导。督导小组由思想政治素养较高的专业课教师组成，负责对课程思政的实际建设情况定期进行检查并予以评分。检查的重点包括教师的德育能力、专业课上思政元素的融合程度与学生的接受效果等。另一方面，需在评价机制中引入学生评分，对教学的课程思政效果予以评价。课程思政建设的成效在学生。学校一切教育教学活动的根本目的在于培养出更高质量的人才。因此，课程思政改革的效果如何，最终需以学生的获得感为检验标准。可面向学生针对专业教师"课程思政"开展情况以问卷方式进行多角度评分，以全方位考量课程思政实施效果，避免偏颇。

5. 制定制度，根据教师参与课程思政建设各环节的贡献度和课程思政实施效果，在教师考核和职级晋升时予以激励

可适当考虑对符合以下几种情况的教师在考核评优和职称晋升等方面予以优先考虑，或设置一项指标在考核评优和职称晋升过程中予以加分。如积极参加政治理论学习活动或"课程思政"课程设计研讨活动的，或是承担课程思政模板课程建设的。另外，可将督导看课评价和学生对课程思政评价结果纳入教师考核和职称评审体系中，以此实现课程思政的有效激励机制，切实提升"课程思政"建设的实效性。

随着课程思政教学实践的展开，教师的认识会不断提高，通过反省，会将先前未认识到的重要的思政元素予以补充；与此同时，随着时代的发展和中国特色社会主义伟大事业的推进，新理念、新思想、新理论、新战略会不断形成和产生并转变为不可或缺的思政内容；新的教学方法和教学平台会陆续涌现，课程思政注定是需要教育工作者付出持续努力的长期工作。学校各部门都应认识到课程思政建设不是一次性工作，需要与时俱进，不断地进行充实和完善。相信在北京舞蹈学院党委的指导下，在中国舞党总支的带领下，通过中国民族民间舞系全体教师的共同努力，中国民族民间舞系课程思政将建立以课程思政建设为抓手、以教学实践活动为依托、以名师教学团队为核心的课程思政育人模式。在充分发挥课堂育人的主阵地作用、实践活动育人的辐射效应、师德楷模的示范作用的同时，发掘中国民族民间舞蹈专业的思想价值引领作用，引导学生正确认识中国价值观念，加强一流学科和中国民族民间舞蹈人才培养建设，实现中国民族民间舞蹈表演课程思政教育教学改革目标。

参考文献

[1] 习近平. 坚持立德树人思想引领加强改进高校党建工作 [N]. 新华网, 2014-12-29.

[2] 巴图. 关于高水平特色型艺术大学建设之思考 [J]. 艺术教育, 2020 (10).

［3］刘岚.新时代舞蹈特色德育资源开发利用的实践与思考［J］.北京舞蹈学院学报,2018（05）.

［4］王旭东,赫丽萍.切实提高艺术院校思想政治工作的针对性和实效性［J］.北京教育（高教）,2017（12）.

［5］黄奕华.舞蹈高等教育中中国民族民间舞教师的多重价值思考［J］.北京舞蹈学院学报,2014（05）.

［6］十谈编写组.加强和改进新形势下高校思想政治工作十谈［M］.北京：人民出版社,2017：91.

［7］聂迎娉,傅安洲.课程思政：大学通识教育改革新视角［J］.大学教育科学,2018（05）：38-43.

［8］沈壮海,王培刚等.中国大学生思想政治教育发展报告（2016）［M］.北京：北京师范大学出版社.2017：454,482.

［9］高德毅.从思政课程到课程思政——从战略高度构建高效思想政治教育课程体系［J］.中国高等教育,2017（1）：43-46.

［10］邱伟光.课程思政的价值意蕴与生成路径［J］.思想理论教育.2017（7）.

［11］陆道坤.课程思政推行中若干核心问题及解决思路——基于专业课程思政的探讨［J］.思想理论教育,2018（3）.

［12］Egan, K. Learning in Depth: A Simple Innovation That Can Transform Schooling［M］. London Ontario: The Althouse Press, 2010: 148-149.

后 记

北京舞蹈学院中国舞党总支中国民族民间舞系教师党支部坚持以习近平新时代中国特色社会主义思想为指导，把习近平文化思想和习近平总书记关于教育强国的重要论述作为根本遵循，高扬"为人民而舞、为时代建功"的新时代北舞精神，是一个建设规范、传统厚实、特色鲜明的艺术院校基层党支部。2022年3月成功入选教育部第三批"全国党建工作样板支部"。

本文集是在北京舞蹈学院党委及中国舞党总支的指导与规划下，作为第三批"全国党建样板支部"工作转化成果之一，由中国民族民间舞系教师党支部全体党员教师共同撰写。党支部把始终坚持"立德树人"这一成效作为检验一切工作的根本标准，将学院第二次党代会提出的"十个全面进步"作为建强组织的工作指南，把思想政治教育贯穿各项工作和活动中去，以点带面全面提升基层党建工作质量。党支部不断完善"党建+思政+舞蹈"育人模式，教育引导支部党员教师深入挖掘提炼各门课程中蕴含的思想政治教育元素，实现在课程中思政课程与课程思政同向同行，完善德智体美劳全面发展的高水平人才培养体系。

中国民族民间舞系作为北京舞蹈学院的重点专业，本着传承民族民间舞蹈文化、研究民族民间舞蹈教育规律、培养热爱舞蹈艺术，具备高水平专业能力、良好的道德品质和较高文化素养的舞蹈表演精英人才的办学思路，制定团结协作、服务在先、科学管理、追求卓越的治系理念和以人为本、因材施教、品德高尚、严谨治学的执教理念。"海纳百川、自成一脉、文化心承、民舞相传"凸显出具有中华民族与地域特色的舞蹈高等教育理念。党员教师们长期深耕在中国民族民间舞教学、创作及研究领域，基于各自过往的实践与研究经验，着重思考思政元素融入教学、创作与研究中的路径和方法，进而强化将思政内涵全方位融入舞蹈表演人才培养体系中。

本文集将对中国民族民间舞学科建设及人才培养发挥积极的指导意义，并具备一定的实践价值。在迎接建校 70 周年之际，中国民族民间舞系教师党支部将以坚定的艺术初心、深厚的人民情怀和强烈的文化使命感，以舞兴党、以舞报国，努力打造具有北舞特色的基层党建工作体系，培育顶尖艺术院校的思想政治工作品牌，以高质量党建引领事业高质量发展，以优异成绩向校庆 70 周年献礼。

胡淮北、秦丽秋
2024 年 4 月 22 日